ESSAI

SUR

LES MANOEUVRES

DES VOLTIGEURS.

ESSAI

SUR

LES MANOEUVRES

DES VOLTIGEURS,

PAR M. LE LIEURRE DE L'AUBÉPIN,

LIEUTENANT-COLONEL AU 3e RÉGIMENT D'INFANTERIE DE LIGNE, ANCIEN ÉLÈVE DE L'ÉCOLE MILITAIRE.

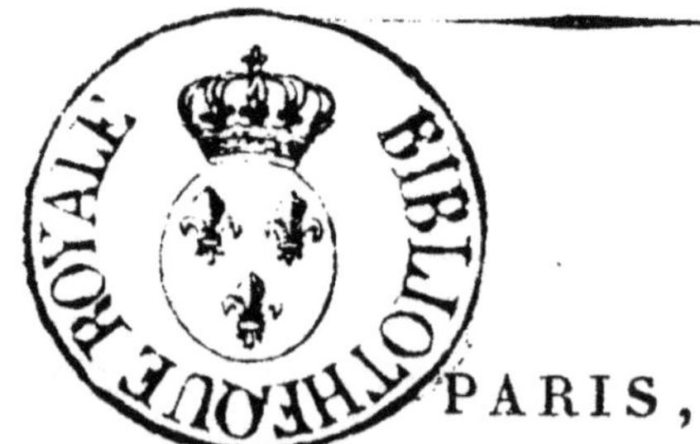

PARIS,

ANSELIN et POCHARD, SUCCESSEURS DE MAGIMEL,

LIBRAIRES POUR L'ART MILITAIRE, RUE DAUPHINE, N.º 9.

1827.

AVIS.

J'ai fait ce petit ouvrage en 1817, pour l'instruction de la compagnie de voltigeurs que j'ai eu l'honneur de commander dans la Garde royale.

Je n'ai ajouté à mon travail, resté inédit jusqu'à ce jour, que les paragraphes suivans :

Application des Manœuvres d'une compagnie de Voltigeurs à un bataillon.

Réflexions sur le Tir.

Reconnaissance militaire.

Je n'ai pas cru devoir donner à cet ouvrage une forme plus didactique ; cependant, il se trouve naturellement divisé en école de soldat, de peloton, et de bataillon.

*a**

AVANT-PROPOS.

En proposant d'exercer les voltigeurs à faire des manœuvres qui leur soient particulières, j'ose croire qu'on ne jugera pas cette Instruction inutile pour la guerre. En effet, tout ce qui peut développer l'intelligence du soldat, lui faire envisager les différentes positions dans lesquelles il combattra isolément, l'habituer à obéir avec scrupule aux commandemens ou signaux qui lui parviendront, quand il ne sera plus immédiatement sous l'œil de ses chefs, tendra, sans contredit, à son perfectionnement d'homme de guerre. Quel est l'officier qui n'a pas rendu justice à l'instruction dont ont fait preuve, dans les dernières guerres, des compagnies de voltigeurs bien exercées; et quel est, au contraire, celui qui, tout en admirant la bravoure et l'intelligence de nos jeunes soldats, n'a pas quelquefois gémi de voir combien il régnait de désordre et de confusion dans les grandes bandes de tirailleurs qu'on a souvent employées ?

Je ne veux citer, à l'appui de cette opinion, qu'un seul fait :

Je me rappelle avoir vu, dans la campagne de 1813, des tirailleurs français qui, ayant été lancés sans ordre de développement, occupaient en groupe un espace de mille à douze cents pas de profondeur ; cette imprévoyance leur devint funeste : se confondant et ne se trouvant plus dirigés par leurs officiers, ils tiraient fort imprudemment devant eux, quelles que fussent leurs places ; et quand, plus tard, il apparut un escadron de cavalerie, qui fit la démonstration de les charger, l'ordre étant détruit, il fut impossible de les réunir. Ces hommes ne manquaient point de bravoure ; par la suite ils en donnèrent des preuves ; mais, n'étant pas guidés par les leçons de l'expérience, et n'ayant reçu aucune instruction première pour faire le service de tirailleurs, ils ne purent se former en peloton, fuirent à toutes jambes, et vinrent se jeter en désordre sur nos carrés.

On pourrait dire encore que nos tirailleurs , même ceux que la guerre avait formés , n'ayant pas toujours été exercés aux manœuvres d'ensemble, ne purent, dans plusieurs circonstances, être réunis vis-à-vis les intervalles des bataillons qu'ils couvraient, lorsqu'il devint important que ceux-ci fissent usage de leurs feux ou marchassent en avant pour aborder l'ennemi.

Je pourrais prolonger ces réflexions ; mais celles-ci suffisent pour prouver que des exercices en rapport avec le service des voltigeurs leur seront aussi utiles , aussi indispensables que l'école de bataillon l'est à l'infanterie de ligne ; car si , en présence de l'ennemi , on ne manœuvre pas toujours conformément aux principes du règlement , les exercices auxquels nos régimens sont habitués n'en sont pas moins, pour eux , une excellente base d'instruction. Il est incontestable, par la même raison , que des voltigeurs qui sauront exécuter avec calme et précision des manœuvres variées et rendues difficiles par le choix du terrain, et par la promptitude des mouvemens, seront bien plus utiles à la guerre que des soldats inexpérimentés et réduits à faire devant l'ennemi un dangereux apprentissage.

Chargé dans le 3ᵉ régiment de la garde de diriger l'instruction d'une de ces compagnies, j'ai cherché à me rappeler les différens cas dans lesquels je me suis trouvé en campagne, et les dispositions que prit, ou qu'aurait dû prendre, devant l'ennemi, la compagnie de voltigeurs dans laquelle j'ai servi autrefois; ces cas et ces dispositions, classés dans ma mémoire, ont été la base de mon travail.

J'entrerai dans des détails d'exécution, qui, au premier coup-d'œil, sembleront peut-être minutieux; mais comme cette théorie est le résultat des exercices que j'ai fait faire en personne, je ne crois pas devoir omettre ici les moyens secondaires que j'ai employés avec succès pour arriver aux résultats que je me proposais.

N'ayant d'autre but que d'aider les officiers

dans les soins qu'ils se donnent pour instruire leurs voltigeurs à manœuvrer, je ne parlerai point ici de leur service dans les postes, ni de la conduite qu'ils doivent tenir dans d'autres circonstances prévues par nos règlemens, et développées dans quelques ouvrages bien connus; je me bornerai à rappeler les principaux cas dans lesquels on a recours aux tirailleurs, et j'arriverai naturellement à la recherche des dispositions qui devront être prises dans ces circonstances, et au développement des moyens à employer pour l'exécution des manœuvres qui en résulteront.

Je me permettrai parfois, dans le cours de ce petit ouvrage, de faire précéder l'explication de ces manœuvres de courtes réflexions, qui en feront sentir l'utilité, et en indiqueront l'application.

Loin de moi, toutefois, l'idée de prétendre déterminer, classer ou même prévoir tous les cas dans lesquels on peut les appliquer; ce qui serait aussi impossible que de préciser l'usage qu'on doit faire à la guerre de l'école de bataillon et des évolutions de ligne.

La nature du terrain, les dispositions de l'ennemi, la composition de ses armes, sa manière habituelle de combattre, et la position relative, et par conséquent souvent variable, dans laquelle on se trouve en campagne, prêtent trop aux suppositions, pour que je n'aie pas senti que je devais à peu près m'en tenir à rappeler des principes, et à indiquer les moyens d'exécuter quelques mouvemens que je crois utiles à l'instruction des tirailleurs, et que je sais, par expérience, être d'une exécution facile.

Avant d'aborder successivement les différentes questions que je vais traiter, je proposerai l'adoption d'un principe de formation particulière pour les voltigeurs ; je parlerai ensuite avec détail des moyens à prendre pour déployer et former un peloton sur un champ d'exercice ; la méthode des déploiemens en tirailleurs et de leur réunion en peloton étant la base de la plupart des manœuvres proposées.

ESSAI

SUR

LES MANOEUVRES

DE VOLTIGEURS.

§. Ier.

*D'une répartition particulière des hommes
dans le rang, et des motifs qui y déterminent.*

La formation habituelle des voltigeurs
sur deux rangs, ayant été préférée quelquefois à celle sur trois, je crois devoir
dire ici que les pelotons resteront sur trois
rangs avant de se déployer, et qu'ils auront toujours cette formation, lorsqu'a-
près avoir été lancés en tirailleurs, on les
réunira en peloton.

Il est aussi prompt et aussi facile de

déployer, sur un front d'une étendue déterminée, une compagnie qui est composée de files de trois hommes, que la même
compagnie, dont on aurait augmenté le
nombre de files en le mettant sur deux
rangs.

Il est incontestable que, lorsqu'on réunit les tirailleurs en peloton pour se défendre contre la cavalerie, ils offrent plus
de résistance sur trois rangs que sur deux.

Cette formation sur trois rangs, aussi
prompte à obtenir que l'autre, étant
celle que doivent avoir les voltigeurs lorsqu'ils rejoignent leur bataillon, et étant
d'ailleurs la seule reconnue, sera la seule
adoptée.

Il convient de former un peloton de
voltigeurs, en ayant égard au rang de
taille (1), dans un ordre de bataille tel,

____

(1) Ce qui est facile, puisque, dans un peloton
de voltigeurs, il n'y a ordinairement qu'un pouce
de différence entre la taille du plus grand et du plus
petit.

qu'après son déploiement en tirailleurs, il se trouve de distance en distance, de quatre hommes en quatre hommes, par exemple, un caporal ou un soldat reconnu par sa bravoure et son intelligence, ou par son influence naturelle sur ses camarades.

Ainsi, supposons une compagnie de vingt-cinq files, qu'on veuille encadrer comme il est prescrit ci-dessus ; on choisira alors douze soldats, qu'on réunira aux huit caporaux, et on aura vingt hommes à répartir dans la compagnie, dont la formation en bataille pourra être représentée par la figure ci-contre.

Dans cette répartition, on mettra trois caporaux au premier rang, trois au second, et deux au troisième.

Les sous-officiers n'auront pas précisément de place fixe quand la compagnie sera déployée en tirailleurs ; ils se partageront la surveillance, sous la responsabilité des officiers.

Il est incontestable que cet ordre de

1*

formation aidera à obtenir de l'harmonie dans les mouvemens, et à donner de la solidité dans la ligne des tirailleurs.

Si donc, le peloton étant déployé et en marche, on tient à conserver de l'ensemble dans la ligne, les caporaux et les soldats choisis s'observeront pour le maintien de l'ordre et de l'alignement : les voltigeurs seront habitués à ne les point dépasser.

Si le terrain est coupé, ils empêcheront les voltigeurs de s'écarter imprudemment, et veilleront à ce qu'ils profitent avec intelligence des accidens du terrain.

Si l'on marche en retraite, si on appuie vers la droite ou vers la gauche de la ligne, ils seront également fort utiles, en guidant et maintenant les soldats.

Si l'on manœuvre au pas de course, ils empêcheront les voltigeurs de courir avec une vitesse nuisible à la conservation de leur force et à l'ordre des manœuvres ; ils exécuteront le pas de course qu'on aura adopté dans les exercices, et habitueront

les soldats à ne point les dépasser pendant ces marches rapides.

La répartition des hommes dans le rang,
telle que je l'indique, remplira encore un
but très-important, lorsqu'il y aura un
ordre ou un avis particulier à donner, tant
pour se conformer aux sinuosités du terrain, que pour surprendre ou éviter l'ennemi, les sonneries étant insuffisantes dans
ces circonstances.

Le chef de la compagnie fera un commandement, qui sera transmis rapidement
aux voltigeurs par ses *chefs de files*, qui
le répèteront du centre aux ailes, ou d'une
extrémité de la ligne à l'autre : on évitera
par là cette confusion d'avis, de commandemens et de cris nuisibles, qui ordinairement ont lieu lorsque chaque soldat se
croit, en pareille circonstance, obligé,
en raison de son zèle ou de son inquié-
tude, d'aider le mouvement général.

Ces commandemens devront être donnés et transmis d'un ton de voix réglé,
afin qu'ils ne soient entendus que de la

ligne des tirailleurs. On devra employer rarement ces moyens, quoiqu'il se présente des circonstances où ils sont indispensables.

Une seule supposition fera sentir la sagesse de cette mesure. Par exemple, si des tirailleurs, marchant en avant, rencontrent, au centre de leur ligne, un terrain couvert et occupé par des tirailleurs ennemis, ou par un poste qu'on sait n'être pas soutenu, on devra donner avis au centre de la ligne de marquer le pas, et aux deux ailes de se porter en avant sur les côtés du bois, et d'y pénétrer rapidement, en faisant un mouvement de conversion pour se rapprocher de la partie centrale de leur ligne, qui marchera alors en avant. Par ce mouvement rapide, on coupera la retraite à l'ennemi avant qu'il songe à abandonner le terrain en le défendant.

Quand on trouve l'occasion de surprendre et d'étonner son ennemi, il faut en profiter ; c'est un demi-succès.

J'entrevois enfin que, dans beaucoup d'autres circonstances de même nature, ces caporaux et soldats choisis, répartis avec intelligence dans la ligne des voltigeurs, seront d'une utilité qui prouvera toute l'importance de la formation proposée.

J'ajouterai, qu'outre l'utilité reconnue pour le mécanisme des manœuvres, qui résultera de cette répartition calculée des hommes dans le rang, cette formation aura aussi un avantage immense sous le rapport de la moralité du soldat. En effet, en intéressant spécialement une partie des voltigeurs aux succès des manœuvres et des combats, on stimulera leur amour-propre, et leur conduite devant l'ennemi deviendra distinguée en raison de l'importance qu'on leur aura donnée. Ils ne pourront se dispenser, dans les cas difficiles, de donner l'exemple aux hommes qu'ils ont été chargés de surveiller et de diriger en toutes circonstances. Il est incontestable que vingt et quelques hommes déterminés à faire leur devoir auront, sur une compagnie, une influence réactive qui amènera souvent les meilleurs résultats.

----

§. II.

Des Commandemens.

Toutes les fois que les voltigeurs seront réunis en peloton, et par conséquent sous la main de leur chef, les sonneries n'étant pas utiles pour exécuter les mouvemens, et étant surtout insuffisantes aux voltigeurs lorsqu'il s'agit de leur faire connaître les intervalles qui doivent exister entre eux, après un déploiement, on fera les mouvemens au commandement du chef des tirailleurs.

Lorsque la ligne des voltigeurs sera formée, et que les mouvemens de l'ennemi, les formes du terrain, les manœuvres de la ligne qu'on couvre, obligeront à briser la chaîne des tirailleurs, ou à leur faire parvenir d'autres ordres, les sonneries ne pouvant suffire pour les

(9)

exprimer, le chef des tirailleurs indiquera
à haute voix les mouvemens à faire, ou
la conduite à tenir; cet ordre parviendra
à toute la ligne, sous la responsabilité des
officiers et des sous-officiers, et par l'in-
termédiaire des caporaux et soldats, *chefs
de files*, qui se le transmettront successivement et d'un ton de voix réglé.

Hors ces cas particuliers, les mouvemens se feront habituellement après le
déploiement, au son du clairon.

On familiarisera cependant les voltigeurs à exécuter toutes les manœuvres
aux commandemens de leurs chefs, afin
d'obvier aux inconvéniens graves qui
pourraient résulter en campagne, de l'ab-
sence des clairons.

————————

§. III.

Des Sonneries.

On pense généralement que les sonneries doivent être en petit nombre, et
faciles à retenir. Etant moi-même de cette

1**

opinion, et ayant éprouvé de grandes
difficultés à familiariser mes voltigeurs
avec les sonneries de l'ordonnance, je
me suis permis d'en changer, d'en retran-
cher plusieurs, et d'en ajouter quelques-
unes, que je crois indispensables. Je proposerai en conséquence l'adoption de
celles qui sont dans ce petit manuscrit.
On conviendra, j'espère, qu'elles sont
simples et distinctes, et on verra qu'elles
suffisent, quoiqu'en très-petit nombre,
pour exécuter toutes les manœuvres in-
diquées dans cet ouvrage.

On habituera les voltigeurs à n'obéir
qu'à la dernière note des sonneries. Cette
précaution est indispensable pour les bien
distinguer, éviter les faux mouvemens,
et pour conserver de l'ensemble dans les
manœuvres.

Dans le commencement de l'instruction, on laissera quelquefois les voltigeurs
réunis en peloton, pour leur faire exécuter le simulacre de tous les mouvemens
qu'indiqueront les sonneries.

Interprétation des Sonneries.

On expliquera aux voltigeurs qu'ils doivent interpréter les sonneries d'à droite, d'à gauche, et d'en avant, non comme des commandemens de par le flanc droit, de par le flanc gauche, et de marcher devant soi, mais bien comme des signaux qui leur prescrivent de marcher vers l'aile droite, vers l'aile gauche, et en avant de la ligne des tirailleurs, dont ils font partie, eu égard à la position de l'ennemi.

Cette recommandation est indispensable; je l'ai éprouvé.

En effet, j'admets qu'ayant mis les tirailleurs en marche, vers la gauche de leur ligne, on veuille les faire appuyer vers la droite de cette même ligne, il faudrait donc, si l'on ne considérait la sonnerie d'à droite que comme le signal de faire par le flanc droit, répéter deux fois de suite cette sonnerie.

Lorsque, par la même raison, le soldat marche en retraite, si on veut le faire porter de nouveau en avant de la ligne, c'est-à-dire vers l'ennemi, il faudrait encore dans ce cas, sonner deux fois de suite par le flanc droit, pour le remettre face en tête, et ensuite sonner en avant.

Enfin, si les voltigeurs sont depuis long-temps en action, qu'ils aient oublié la dernière sonnerie qu'on leur a faite, si les plis du terrain et les positions de l'ennemi ont obligé les uns à lui présenter le flanc droit, les autres le flanc gauche, de quel côté marcheront-ils quand on commandera un mouvement général? Si on sonne, par exemple, par le flanc gauche, chacun d'eux faisant un à-gauche dans la position où il se trouve, les mouvemens individuels contrarieront le mouvement général qui ne pourra avoir lieu.

Pour éviter tous ces inconvéniens, prescrivons donc que le soldat, avant d'exécuter les mouvemens indiqués par les sonneries, fera toujours réellement ou idéalement face à l'ennemi (qu'il marche en retraite ou par le flanc), afin qu'il puisse

(13)

reconnaître la droite, la gauche, le terrain en avant ou en arrière de sa propre ligne.

Le capitaine, le lieutenant et le sous-lieutenant qui seront ordinairement placés en arrière vis-à-vis le centre et les ailes de la ligne, auront avec eux chacun un clairon. Le capitaine fera donner le signal le premier, ses officiers le feront répéter. Lorsqu'il fera du vent, la position des clairons dans la ligne devra naturellement changer (1).

§. IV.

Détails d'exécution des déploiemens et des formations sur un terrain d'exercice.

(*Pl. I, fig.* 1re.) Pour bien démontrer aux voltigeurs les moyens d'exécuter les mouvemens de déploiement et de forma-

---

(1) Il serait à désirer qu'on adoptât trois clairons par compagnie.

tion d'une compagnie, on aura la précaution de décomposer ces mouvemens dans
les premiers exercices qu'on leur fera
faire; on déploiera d'abord le peloton par
files, après avoir fait connaître aux soldats
le nombre de pas qui doit se trouver entre chacune d'elles, et leur avoir désigné,
du geste et de la voix, la file qui doit servir de base au déploiement.

On se convaincra facilement, par la pratique, qu'il est indispensable dans les déploiemens, qu'on rende les hommes du
premier rang responsable de l'intervalle
qui doit exister entre les files.

Pour obtenir de chacun des voltigeurs
qu'il ne perde pas sa distance, pendant
que le peloton sera en marche pour se
déployer, ce qui aurait des inconvéniens,
on observera les moyens d'exécution indiqués dans l'exemple ci-après.

Admettant qu'on veuille déployer une
compagnie de voltigeurs en bataille, et de
pied ferme, de manière qu'il y ait dix pas
d'intervalle entre chaque tirailleur, on la

fera d'abord déployer par files, de manière qu'il y ait conséquemment trente pas entre chacune d'elles. On commandera à cet effet :

1° *Par la droite, ouvrez vos files, à trente pas ;*

2° Marche.

Au commandement d'exécution , tout le peloton se mettra en marche par le flanc droit, moins la file de l'extrême gauche, base du déploiement, qui ne bougera pas. Lorsque l'homme du premier rang de la file la plus voisine de cette base, aura marché le nombre de pas désigné par le commandant, il s'arrêtera avec les deux hommes de sa file , qui se conformeront à son mouvement, et, en terminant son dernier pas, il touchera fortement avec la main, l'épaule ou le sac de l'homme qui est devant lui, en prononçant à haute voix, le nombre de pas qu'il aura faits. A ce double signal, l'homme du premier rang qui le précède, comptera, fera ce même nombre de pas, et s'arrêtera avec sa file, en transmettant au même instant, et de la même manière, ce signal, à l'homme qui est immédiatement devant lui. Ce procédé sera observé de file en file, jusqu'à ce que tout le peloton soit déployé (1).

Chaque file après s'être arrêtée, fera face en tête.

Deux sous-officiers, placés l'un du côté du premier rang, et l'autre du troisième, se partageront la surveillance, en suivant ce mouvement, pour obliger successivement chaque file à parcourir exactement aussitôt, après le signal reçu, le nombre de pas indiqué.

(*Pl. I, fig.* 2.) Quand le peloton aura

---

(1) Ce principe de déploiement est le même que celui qu'on observe dans l'école de bataillon, lorsqu'on déploie une colonne. En effet, lorsque le chef d'une subdivision arrête son peloton, le commandement qu'il fait alors, devient un signal pour le chef de la subdivision qui le précède; ainsi de suite, etc.

été déployé par files, on s'assurera que ces files sont bien à la distance voulue l'une de l'autre, et on commandera ensuite à haute voix à toute la ligne :

1° *Déployez vos files ;*

2° Marche.

Les hommes du deuxième et du troisième rang se porteront alors à la gauche de leurs chefs de file respectifs, et sur leur alignement.

On fera ensuite former les files par les commandemens :

1° *Formez vos files ;*

2° Marche.

Les voltigeurs s'étant réunis par files, on fera former le peloton par les commandemens :

1° *Sur l'aile gauche formez le peloton ;*

2° Marche.

(*Pl. I*, *fig.* 3.) On fera aussi déployer par l'aile gauche, sur la file de droite ; et

(18)

enfin, par les deux ailes, sur une file du centre. On commandera, pour l'exécution de ce dernier mouvement :

1° *Par les deux ailes, ouvrez vos files à trente pas;*

2° MARCHE.

La file, base du déploiement, sera désignée au peloton par son chef, qui se portera vers elle, en faisant son premier commandement.

Lorsque les voltigeurs exécuteront bien les déploiemens et les formations en les décomposant, on préviendra alors le peloton, avant de le déployer de nouveau, que chaque file devra, après s'être arrêtée, se déployer d'elle-même par hommes; et que, dans la formation du peloton, les voltigeurs devront reformer leurs files en marchant, et sans commandement particulier.

Pour ne point embarrasser la mémoire du soldat, il n'aura qu'une manière de se déployer dans sa file : ce sera toujours en se portant à la gauche de l'homme qui est devant lui.

Lorsque ces mouvemens se feront bien de pied ferme, et sans être décomposés, on fera marcher le peloton en bataille, au pas accéléré, et on fera tous les commandemens nécessaires, pour la répétition de ces mêmes mouvemens.

Au commandement d'exécution, la file, base du déploiement, s'arrêtera, et le peloton fera par le flanc droit, si on se déploie par l'aile droite ; par le flanc gauche, si on se déploie par l'aile gauche ; et enfin par le flanc droit et le flanc gauche simultanément, si on déploie par les deux ailes.

Lorsque les voltigeurs auront encore acquis plus d'aplomb, on leur fera exécuter ces manœuvres au pas de course : pas qui devra être bien réglé, et l'objet d'une étude particulière.

Pour bien rompre les voltigeurs à tous ces exercices, on mettra quelquefois la compagnie en marche par le flanc droit, et on en effectuera, sans arrêter le peloton, le déploiement par le flanc gauche; alors la file de droite seule fera halte, et tout le peloton fera demi-tour, pour marcher vers l'aile gauche et se déployer. D'autres fois on fera l'inverse.

Le peloton étant toujours en marche par le flanc, on le fera aussi déployer par les deux ailes à la fois : l'une d'elles, au commandement marche, fera conséquemment demi-tour, et les deux ailes se déploieront, sans interruption dans leur marche, sur la file désignée pour être la base du déploiement, laquelle s'arrêtera aussitôt après le commandement d'exécution.

On exercera ensuite les voltigeurs à faire tous leurs mouvemens aux sonneries de l'ordonnance, après leur déploiement.

On les fera appuyer à droite, à gauche, marcher en avant, arrêter, commencer et cesser le feu, abandonner le terrain, puis faire face en tête, et recommencer le feu. On les habituera dans tous ces mouvemens, à charger leurs armes en marchant. Tout à coup on fera sonner le ralliement sur le centre, ou sur l'une des ailes de la ligne ; là, à peine réunis, on les formera circulairement, ou sur deux sections serrées en masse.

Dans cette dernière formation, la deuxième section fera demi-tour ; les trois files de droite et de gauche feront face en dehors, les officiers se mettront entre les sections, et les sous-officiers en masqueront les intervalles.

Après ce rassemblement des voltigeurs, on supposera la nécessité d'exécuter les feux contre la cavalerie, et alors, si on s'est formé circulairement, les premier et deuxième rangs tireront debout, et croiseront la baïonnette ; les hommes du troisième rang et les serre-files conserveront leurs feux pour tirer à la dernière extrémité.

Si l'on s'est formé sur deux sections, la première fera feu, et la deuxième ménagera ses moyens de défense, pour n'en faire usage que dans le plus pressant danger, ainsi qu'il est prescrit de le faire, aux sections intérieures dans les carrés doubles (1).

D'autres fois, aussitôt après la formation des voltigeurs en peloton, on les enlèvera au pas de course, leur laissant la liberté d'incliner leur arme sur l'épaule droite : pendant cette marche rapide, on les fera déployer de nouveau en tirailleurs, ou bien on les portera sur quelques points fortifiés par la nature, où on les établira d'après différentes suppositions.

On supposera quelquefois que les tirailleurs sont devant des bataillons qui manœuvrent, ce qui fera naître le cas de briser leur ligne, pour faire des mouvemens

---

(1) Cette disposition sur deux sections me paraît offrir beaucoup de sûreté quand une compagnie doit exécuter une marche au milieu de tirailleurs de cavalerie, et quand surtout, se préparant à résister à une charge, les deux sections peuvent s'adosser pour faire face du même côté.

qu'on supposera sur le terrain, être d'une utilité relative.

Dans l'exécution de ces mouvemens, on mettra toute l'importance qu'on doit mettre devant l'ennemi. Pour amener les voltigeurs à contracter l'habitude de manœuvrer avec beaucoup de célérité et d'ordre, et pour leur donner de l'aplomb par l'augmentation des difficultés, on fera ces mouvemens au pas de course, et sur des terrains à accidens, dont on les exercera à tirer parti. Car l'ordre et la promptitude ne peuvent être donnés au soldat que par une pratique longue et difficile.

OBSERVATIONS.

En adoptant cette méthode pour les déploiemens, on réussira à étendre un peloton de tirailleurs, aussi facilement sur un front très-étendu, que sur un front de peu de développement (ce qui est à apprécier), et à faire cette manœuvre aussi rapidement que possible, puisque chaque voltigeur se portera sur le point qu'il doit occuper, sans qu'il y ait d'incertitude dans sa marche, ni d'hésitation de sa part à juger la direction qu'il doit prendre pour arriver sur ce point de la ligne.

Lorsque, pour l'exécution de cette manœuvre, on croit pouvoir suppléer par l'intelligence du soldat, à une méthode avec laquelle on obtient des résultats positifs et calculés, il en résulte que les déploiemens se font mal, et que les officiers sont obligés d'aider ces mouvemens qui ne s'achèvent pas toujours, par les cris répétés confusément, d'appuyez à droite, ou appuyez à gauche, etc.

Il me semble que ces moyens mis en usage, ne laissent rien à désirer pour la promptitude de l'exécution, pour donner à la ligne des tirailleurs l'étendue toujours relative qu'elle doit avoir, et enfin, pour que les voltigeurs aient entre eux des intervalles égaux après le déploiement. Lorsque, par l'adoption journalière de cette méthode, les voltigeurs seront habitués à se déployer à cinq, à dix, et à

vingt pas de distance, ils finiront par former machinalement leur ligne de tirailleurs, sans se soumettre précisément à tous
les procédés qu'on juge indispensable de
suivre d'abord pour l'obtention des intervalles et pour le maintien de l'ordre.

Le capitaine, qui se portera partout où
il croira sa présence nécessaire, donnera
le signal d'augmenter ou de renouveler
la ligne des tirailleurs quand il le jugera
utile. Sa place habituelle sera à la réserve.

Chaque officier combattra avec sa section, et se tiendra en arrière de son centre pour mieux surveiller ses tirailleurs :
il se fera suivre d'un clairon.

Il est convenable d'exercer le coup-
d'œil des officiers et sous-officiers attachés
à ces compagnies , puisque le nombre
d'hommes qu'ils peuvent avoir à commander , et l'étendue des lignes qu'ils se trouvent dans le cas de couvrir, varient nécessairement. Cependant quelques données
fixes et faciles à saisir suffiront aux officiers pour qu'il n'y ait jamais d'hésiattion

de leur part, lorsqu'ils devront indiquer l'intervalle relatif qui doit exister entre les tirailleurs.

§. V.

De la conduite des tirailleurs sur le terrain d'action.

On recommandera aux tirailleurs de s'adopter deux par deux, en se comptant de la droite à la gauche, pour s'observer, ménager leurs feux, et se soutenir en toute circonstance. Il résultera de cette précaution qu'il y aura beaucoup moins de coups de fusil tirés inutilement, parce que tout homme qui, par exemple, tirerait ou voudrait tirer à une distance disproportionnée, serait blâmé ou conseillé par son camarade.

Les soldats, maintenus par une espèce de solidarité, s'observeront continuellement les uns les autres, deviendront plus prudens, plus aptes à juger des distances, à observer les différens principes du tir, plus adroits, et par conséquent plus redoutables.

Quand une compagnie de tirailleurs se réunira en peloton pour se défendre contre une attaque imprévue de cavalerie, ils sauront d'avance que, dans cette circonstance, une partie de leurs armes est chargée : la confiance bien placée qu'ils acquerront en s'observant pour ménager leurs feux, prouvera aussi toute l'utilité de cette mesure.

Lorsqu'on sonnera halte pendant l'exécution d'un mouvement, le soldat fera toujours face à l'ennemi après s'être arrêté.

On ordonnera aux voltigeurs , lorsqu'ils auront commencé le feu , de ne le point cesser pendant l'exécution des mouvemens qu'on pourra leur faire faire, à moins que la sonnerie n'indique le pas de course ou de cesser le feu.

Lorsqu'un homme sera blessé, il sera conduit à la réserve, si toutefois les circonstances le permettent. Les voltigeurs qui l'auront secouru, et qui toujours auront été désignés à cet effet par un officier ou par un sous-officier, devront revenir de suite à leur poste. Cette exactitude est de rigueur : on doit en faire un point d'honneur au soldat.

On donnera encore pour principe aux voltigeurs de ne jamais rester sans marcher, quand ils seront en tirailleurs sur un terrain découvert, afin qu'il soit plus difficile de les ajuster ; ainsi, dès qu'ils auront fait feu, ils chargeront leur arme, en marchant autour du point qu'ils doivent occuper dans leur ligne.

Lorsqu'ils manœuvreront dans des lieux à accidens, on les exercera à tirer parti des plis du terrain, des arbres et des buissons, pour se protéger réciproquement, se couvrir et se dérober à la vue de l'ennemi. Lorsqu'ils profiteront des accidens de terrain, ils seront entraînés par là à perdre souvent leurs intervalles. En effet, lorsqu'ils rencontreront une butte ou un petit fossé dans une position avantageuse, ils se réuniront quelquefois cinq, six, et même davantage, derrière ce petit retranchement; puis, lorsqu'ils rentreront sur un terrain découvert, ils seront soigneusement exercés à regarnir leur ligne, afin qu'il soit plus difficile de les frapper, et qu'ils ne se trouvent pas dans le cas d'être enlevés par un coup de canon.

S'ils doivent marcher en avant, on exigera d'eux qu'ils chargent leurs armes dans l'emplacement couvert d'où ils ont fait feu, et qu'ensuite, franchissant furtivement le terrain qui les sépare d'un nouvel obstacle, ils viennent s'y loger et prendre haleine, afin de bien diriger leurs coups.

Ils sauront que, dans les mouvemens rétrogrades, ils devront faire l'inverse, c'est-à-dire ne quitter leur place qu'après avoir fait feu, pour s'aller blottir derrière un autre obstacle où ils puissent attendre l'ennemi avec sécurité.

Si le terrain est découvert, ils auront soin de ne pas courir en faisant ces mou-

vemens, afin de conserver ce calme si nécessaire à la justesse du tir. Il faudra, en
outre, les prévenir que, dans le cas où
l'un d'eux se trouverait éloigné de ses camarades, chargé par un cavalier et forcé
d'en venir à l'arme blanche, il doit toujours prendre le côté gauche de son ennemi. Mais un tirailleur qu'on a bien pénétré de tous les avantages de son arme,
qui aura le sang-froid que donne la confiance, et qui ne sera chargé que par un
seul cavalier, devra s'en défendre facilement, s'il l'attend à cinquante pas pour le
mettre en joue, et à dix pour lui tirer son
coup de fusil.

S'il y a deux cavaliers, il doit s'arranger
de manière à se placer entre eux, si, ce
qui est probable, ils courent réunis;
il tuera d'un coup de fusil celui qui est à
sa droite, et attaquera l'autre à l'arme
blanche. La supériorité de son arme est
immense. On trouverait facilement mille
exemples à citer pour appuyer ce principe
de défense.

Je me rappelle que le sergent-major CLETTE, de la compagnie de voltigeurs dans laquelle j'ai servi comme sous-lieutenant dans les premières guerres d'Espagne, donna en pareil cas, à cette compagnie, de semblables exemples, qui eurent le plus grand succès. Quand ce brave sous-officier voyait un cavalier ennemi isolé, il s'éloignait de la compagnie pour engager ce cavalier à le charger, ce qui lui fournit très-souvent l'occasion de prouver qu'un tirailleur de sang-froid, qui profite habilement de son feu, n'a rien à craindre d'un cavalier. Il est essentiel de bien pénétrer les tirailleurs de ces vérités importantes à connaître.

Les officiers devraient, en conversant fréquemment avec leurs soldats, leur inculquer des principes militaires, leur citer des exemples, et faire tout enfin pour former leur moral.

OBSERVATIONS.

Qu'on prenne garde de confondre les

mouvemens successifs en avançant et en retraite, que chaque voltigeur fera, lorsque
son arme sera chargée et que son camarade
sera occupé à recharger la sienne, avec
cette méthode vicieuse qui consiste à faire
porter successivement en avant, et en même
temps, d'abord tous les tirailleurs d'une
ligne, portant les numéros impairs, et
ensuite tous ceux désignés par les numéros
pairs, ce qui ne peut être toléré, les exercices devant être l'image des manœuvres
de guerre. Pour appuyer cette opinion,
j'entrerai dans les détails suivans.

Les hommes désignés par les numéros
de même ordre, ne pouvant tirer ensemble, puisqu'ils ne doivent faire leurs
feux qu'avec discernement, c'est-à-dire que
quand l'ennemi leur en offre l'occasion,
n'auraient naturellement aucun signal de
départ, pour se porter en avant. Il faudrait donc indiquer ces mouvemens au
son du clairon; mais que de temps perdu
pour les voltigeurs qui, ayant tiré les premiers, seraient obligés d'attendre, pour

avancer de nouveau, que tous les tirailleurs de leur catégorie eussent successivement déchargé leurs armes, puisqu'alors seulement le signal devrait leur être donné!

Cette méthode, qui a été quelquefois adoptée dans les champs de manœuvres, est impraticable. Il faudra, je le répète, donner pour principe aux tirailleurs de ne quitter leur gîte pour marcher à l'ennemi qu'après avoir tiré et chargé leur arme. Il est bon d'éclairer l'intelligence du tirailleur par la pratique de quelques exercices qui doivent leur création à des souvenirs de guerre; mais on la détruirait en l'asservissant à des pratiques contraires à la conduite qu'il doit tenir devant l'ennemi.

§. VI.

Voltigeurs destinés à flanquer une colonne qui est en route.

Dans le cas où une compagnie de voltigeurs sera employée à flanquer une colonne qui est en route, ce qui aura particulièrement lieu dans la plupart des

circonstances où cette même colonne parcourra isolément un terrain couvert (1),
ou sera employée à assurer les flancs
d'une division dans un pays de chicane, ou
fera porter les deux sections à hauteur de
la tête de la colonne, l'une sur son flanc
droit, et l'autre sur son flanc gauche. Les
chefs de sections les feront alors déployer
à trente ou quarante pas de distance entre chaque homme, en faisant successivement partir chaque éclaireur de sa file,
lorsqu'il sera à cette distance de celui qui
le précède. Si l'on ne voulait couvrir qu'un
seul flanc, quelques files suffiraient pour
une colonne de peu de profondeur.

Si, par la nature du terrain, les éclaireurs se trouvaient tellement éloignés de
leur colonne qu'il leur fût impossible de
s'en faire entendre, on obvierait à cet in-

---

(1) Je ne parlerai point ici des dispositions qu'on
aura prises pour éclairer sa marche en avant, ce
qui serait entrer dans les détails d'une instruction
relative aux avant-gardes.

convénient par l'envoi de petites réserves intermédiaires, ou au moins de quelques éclaireurs.

Comme la marche des éclaireurs est extrêmement pénible, on n'en emploiera à la fois que le nombre indispensable, afin de pouvoir les relever quand ils seront fatigués; on profitera pour cela du moment où la colonne fera des poses.

On pourrait encore, pour les mêmes motifs, mettre plus de distance entre eux; mais il serait à craindre que les obstacles qui viendraient à se présenter sans cesse dans leur marche n'augmentassent souvent beaucoup trop cet intervalle.

§. VII.

Du cas où une compagnie de voltigeurs est employée à couvrir le front d'un ou de plusieurs bataillons, pour les garantir de l'approche de tirailleurs ennemis.

Lorsqu'une compagnie de voltigeurs sera destinée à couvrir le front d'un ou de plusieurs bataillons, elle se trouvera nécessairement dans l'une des circonstances suivantes : ou elle aura des tirailleurs d'infanterie à combattre, ou bien elle se trouvera opposée à des tirailleurs de cavalerie, qui viendraient pour ébranler ou insulter la ligne qu'elle protége.

PREMIÈRE SUPPOSITION.

Lorsqu'un peloton de voltigeurs, couvrant un front d'infanterie, devra être opposé à des ennemis de même arme, je trouve bon qu'on le déploie entièrement, mais sur deux lignes distinctes : l'une d'action et l'autre de réserve. Je dis *entièrement*, parce qu'alors les tirailleurs seront moins exposés au feu de l'ennemi que si les hommes de la réserve étaient réunis en section, et qu'ils n'ont point à craindre d'être surpris, puisqu'ils ne peuvent être tournés, étant soutenus par la ligne qu'ils couvrent; j'insiste sur deux lignes, parce qu'il faut une réserve, tant pour aller chercher des munitions, remplacer les

hommes tués, secourir les blessés, renouveler ou augmenter le nombre des tirailleurs en action, que pour leur donner
de la confiance.

Cette seconde ligne, déployée, rempla-
cera avantageusement ce qu'on appelle
la section de réserve, qui est toujours fort
exposée quand elle reste pelotonnée et
dans l'impossibilité de se mettre à couvert
derrière quelque bois ou quelqu'accident
du terrain. A l'appui de cette opinion, je
rappellerai qu'on a souvent vu, à l'armée,
que, quand on laissait des sections d'hommes réunis, l'ennemi tirait sur ces petits
groupes plutôt que sur les tirailleurs employés, quoique ceux-ci fussent plus à sa
portée.

Admettant cette disposition de tirailleurs dans le cas où je l'indique, je vais
tracer les moyens à adopter pour déployer une compagnie de voltigeurs sur
deux lignes.

Disposition d'une compagnie de volti-
geurs destinée à garantir le front d'un
ou de plusièurs bataillons du feu de
tirailleurs d'infanterie.

Je supposerai alternativement que cette compagnie se trouve à la gauche, à la droite et au centre de la ligne qu'elle doit couvrir ; ce qui me mettra dans le cas d'en effectuer le déploiement par l'aile droite, par l'aile gauche et par les deux ailes si-multanément.

PREMIER CAS.

Lorsque la compagnie de voltigeurs se trouvera à la gauche du front qu'elle doit couvrir, l'officier la fera d'abord porter à une petite distance en avant du bataillon, en la faisant marcher droit devant elle ; et pendant cette marche, il fera rompre son peloton par sections.

Après avoir jugé l'étendue du terrain sur lequel il doit répandre ses tirailleurs, et avoir par conséquent déterminé l'intervalle relatif (1) qui doit exister entre chacun d'eux, et que je supposerai dans cet exemple être de dix pas, il commandera :

1º *Ouvrez vos files par la droite à trente pas ;*

2º MARCHE.

Au second commandement, les deux sections feront par le flanc droit en marchant, se déploieront par files, à trente pas d'intervalle sur leurs files de gauche, en se conformant, pour l'exécution, à tout

---

(1) J'ai mis au hasard le nombre dix , l'intervalle entre les tirailleurs devant être naturellement déterminé par l'étendue des fronts à couvrir, la nature des lieux, le nombre des tirailleurs qu'on a à combattre , et enfin l'objet qu'on se propose. Par fois l'attaque des tirailleurs devra être brusque , rapide et décisive ; d'autres fois, elle n'aura pour but que d'inquiéter ou d'occuper l'ennemi ; dans d'autres circonstances, les voltigeurs ne devront que lui marquer des limites.

ce qui est prescrit dans le paragraphe des déploiemens (§. IV, page 13 et suiv.).

Cette compagnie étant ainsi déployée, le capitaine fera sonner en avant, pour porter la première ligne sur le terrain d'action, et fera répéter la même sonnerie pour porter la seconde ligne sur le terrain de réserve (1).

Cette seconde ligne se laissera devancer dans sa marche par la première, c'est-à-dire qu'elle ne commencera son mouvement que lorsque la première ligne aura parcouru la moitié de la distance qui doit la séparer du front de bataille.

Le capitaine arrêtera ces deux lignes

______

(1) Le peu d'étendue de nos champs d'exercice ne permet pas toujours de donner à ces manœuvres tout le développement qu'elles doivent avoir. Puisque l'objet des tirailleurs est de garantir les troupes qu'ils couvrent du feu de l'ennemi, il faut alors qu'ils maintiennent ou repoussent les tirailleurs ennemis à une distance de nos lignes qui soit en rapport avec la portée de leur arme.

simultanément par la sonnerie en usage pour l'exécution de ce mouvement.

DEUXIÈME CAS.

Si la compagnie de voltigeurs, au lieu de partir de la gauche de la ligne de bataille, part de sa droite, on conçoit qu'il faudra qu'elle se déploie par l'aile gauche, dans chaque section, après que le peloton se sera formé en colonne, et porté sur le terrain de développement. Ce mouvement, quoiqu'inverse, se fera et se continuera par les moyens employés pour le précédent; ainsi, la file de droite s'arrêtera, le peloton fera par le flanc gauche, et chaque file fera halte respectivement, quand chaque homme du premier rang (son chef de file) aura compté, fait et transmis le nombre de pas désigné par le commandant.

Après la formation des deux lignes, on les portera sur les terrains qu'elles doivent occuper, comme il a été prescrit ci-dessus.

TROISIÈME CAS.

Si ce peloton part du centre de la ligne, le capitaine, après avoir fait marcher et rompre son peloton, fera déployer chaque section sur une file du centre, par les commandemens suivans :

1° *A trente pas par les deux ailes, ouvrez vos files ;*

2° MARCHE.

A ce dernier commandement, chaque section fera par le flanc droit et le flanc gauche, et se déploiera, d'après les principes donnés, sur la file qui est la base du déploiement. Aux deux sonneries successives d'en avant, ces lignes se porteront sur les emplacemens où l'une doit combattre, et l'autre observer.

On conçoit, d'après ce mode de déploiement, que si cette compagnie, au lieu d'être vis-à-vis du centre d'un régiment, en bataille, par exemple, s'y trouvait placée aux deux tiers, par conséquent à la gauche du second bataillon, et qu'elle dût couvrir toute l'étendue de la ligne, il faudrait que le capitaine prît pour base de déploiement la file qui se trouverait aux deux tiers de chaque section, en comptant par la droite : cette supposition embrasse tous les cas.

(*Pl. II.*) Quoique cette compagnie se trouvât occuper l'une des ailes, ou tout autre point de la ligne de bataille, on pourrait également la faire déployer par les deux ailes simultanément, après l'avoir préalablement fait rompre par sections, et fait porter diagonalement en avant et vers le milieu de la ligne ; ce moyen, le meilleur et le plus prompt, devra être employé habituellement.

Si, au lieu du front de deux ou de trois bataillons, on ne devait couvrir que celui d'un seul, une section pourrait suffire ; on se conformerait aux principes énoncés, en la faisant rompre par subdivisions, et en agissant, en cette circonstance, comme on a fait à l'égard d'un peloton. Il faudrait laisser l'autre section à sa place de bataille, à moins que l'on ne jugeât convenable de s'en servir pour couvrir un ou les deux flancs de la ligne.

Admettons qu'avec une seule compagnie de voltigeurs on veuille couvrir le front et les deux flancs d'un bataillon ; on divisera alors cette compagnie en trois sections : celle de droite fera par section en arrière à droite, et celle de gauche en arrière à gauche ; chacune de ces trois sections, conduite par un officier, marchera ensuite droit devant elle, jusqu'à ce qu'elle soit arrivée sur le terrain où elle devra s'établir en tirailleurs, ce qu'elle fera en se conformant aux principes développés ci-dessus.

Lorsqu'il s'agira de couvrir, avec des voltigeurs, le front d'un bataillon isolé dont les ailes ne seront point appuyées, il faudra, si l'on n'en envoie pas sur ses flancs, donner à leur ligne plus d'étendue qu'au front du bataillon, afin de les mettre à même de se conformer au mouvement des tirailleurs ennemis qui tenteraient de s'approcher de ses flancs.

Par la même raison on prendra, pour un bataillon qui se trouve à l'extrémité d'une ligne, la précaution de faire déborder extérieurement son front par celle des tirailleurs, sauf le cas assez habituel où son flanc sera couvert, appuyé ou défendu.

Je n'indique ici que des méthodes pour les cas principaux ; les localités et les circonstances doivent déterminer la conduite à tenir dans les différentes positions défensives et offensives auxquelles sont appelés les tirailleurs.

Il serait difficile en effet de préciser ces circonstances, qui sont essentiellement variables.

Disons cependant que, lorsqu'on éloignera beaucoup les tirailleurs en action du bataillon dont ils dépendent, il faudra donner à leur ligne plus de consistance que lorsqu'ils s'en écarteront peu ; ce qu'on fera en divisant le peloton en trois sections, en les mettant en colonne, en déployant les deux premières parallèlement, pour former la première et la deuxième lignes ; et en gardant la troisième, pour faire un petit peloton de réserve.

Dans d'autres suppositions au contraire, lorsqu'on n'aura à combattre que peu de tirailleurs, on se bornera à envoyer en action quelques files qu'on prendra par la droite ou par la gauche de la compagnie, d'où l'on pourra successivement en faire partir d'autres, pour renouveler ou augmenter le nombre des tirailleurs combattans.

Quand le bataillon restera de pied ferme, les tirailleurs, après leur formation sur deux lignes, resteront sur le terrain de développement ; mais si ce bataillon marche à l'ennemi, les voltigeurs de première ligne, s'étant adoptés deux par deux, pour se soutenir en toute circonstance, se porteront successivement en avant, choisiront leur terrain, et feront leurs feux à volonté. La seconde ligne suivra le mouvement de la première, pour conserver sa distance.

(47)

(*Pl. X*, *compag. E*.) Dans les lieux couverts, les éclaireurs ayant plus de diffi-
culté à communiquer entre eux, on aura,
au lieu d'une réserve déployée en seconde
ligne, un, deux, et même trois petits pelotons, pour protéger le centre et les
ailes de la ligne des tirailleurs en action
dont ils se rapprocheront.

La première section sera déployée, et
formera la ligne des tirailleurs; la deuxième
suivra leurs mouvemens, et formera la ligne des réserves.

Ainsi, lorsque des voltigeurs, précédant
de l'infanterie et étant déployés sur deux
lignes, passeront d'un terrain découvert
dans des lieux fourrés, on réunira la seconde ligne en trois petits pelotons de réserve, par le commandement : *Formez les
sections de réserve* (1); et quand ils rencontreront de nouveau des lieux décou-
verts, on reformera la seconde ligne par le
commandement : *Déployez les sections de
réserve.*

____

(1) Fig. X, compagnie E.

DEUXIÈME SUPPOSITION.

*Disposition d'une compagnie de volti-
geurs destinée à garantir une ligne d'infanterie de l'attaque de tirailleurs de
cavalerie.*

(*Pl. III.*) Lorsque des bataillons déployés
seront menacés par des cavaliers irréguliers, si leur manière habituelle de combattre, leur peu de valeur, ou d'autres raisons
particulières (1), déterminent le chef de
l'infanterie à ne pas changer son ordre de
bataille, il me paraît certain que s'il a recours à ses tirailleurs pour se garantir des
insultes de l'ennemi, il sera prudent qu'il
les répartisse de manière à ce qu'ils puissent
se réunir promptement en différens petits

---

(1) Lorsque, par exemple, le chef de l'infanterie
a jugé que le dessein de l'ennemi, dont les lignes
sont déployées et en présence, est de l'engager, par
le simulacre d'une attaque de cavalerie, à se ployer
en colonnes serrées ou à former des carrés, pour
l'assaillir avec son artillerie, et l'aborder ensuite
lorsqu'il se déploiera après ce premier échec.

groupes, s'ils venaient à être chargés par quelques cavaliers réunis à la hâte.

Pour y parvenir, voici les dispositions que prendra l'officier de voltigeurs : il fera rompre son peloton par sections, et le portera en avant du centre du bataillon, à une distance qui sera déterminée par la nature du terrain, mais qui devra toujours être assez petite pour qu'il puisse compter sur sa protection immédiate ; il fera ensuite déployer sur une ligne la première section en tirailleurs, et divisera la seconde en trois petites réserves qui s'espaceront sur le front du bataillon, pour protéger les voltigeurs qui auront dû se porter un peu en avant, après leur déploiement.

La section de centre de la seconde ligne restera habituellement vis-à-vis le peloton du drapeau. Les sections de droite et de gauche appuieront vers les ailes du bataillon, en se portant un peu en avant, afin que les trois sections forment le triangle.

3

Il est facile de concevoir, d'après la répartition de ces petites masses, avec quelle confiance les tirailleurs combattront, puisqu'ils pourront, en cas de démonstration d'attaque, rejoindre promptement les sections qui leur correspondent, se former en cercle, et attendre l'ennemi avec d'autant plus de sécurité, que les armes des voltigeurs qui sont restés en réserve sont chargées. Ils compteront aussi sur l'aide de la section du centre, qui peut se dégarnir de ses feux en leur faveur sans beaucoup de danger, puisqu'elle est, plus que les autres, à portée d'être soutenue par la ligne elle-même.

Qu'on se figure bien une ligne ainsi garnie de sections en quinconces, et qu'on suppose pour un instant que l'ennemi entreprenne une charge, je demande si l'on ne pense pas que ces petites masses feront échouer son attaque? En effet, cette double ligne de sections que je comparerai à autant de petits globes de feu, ne suffirait-elle pas pour arrêter des cavaliers chargeant en fourrageurs, et même pour mettre beaucoup de désordre dans des escadrons, avant qu'ils fussent arrivés sur nos bataillons? Ces obstacles prévus empêcheraient toute entreprise sérieuse de sa part, ou lui deviendraient funestes (1).

Mais disons, en nous considérant toujours dans la position dont je viens de parler ci-dessus, que lorsque l'ennemi tentera une attaque sérieuse de cavalerie, les dispositions qu'il fera pour réunir en escadron ses cavaliers épars, ou l'apparition d'une nouvelle cavalerie, seront évidemment un avertissement pour le chef de notre infanterie de rappeler ses tirailleurs, et de changer l'ordre mince en

______

(1) J'ai vu, à la bataille de Bautzen, un régiment de cuirassiers de la garde russe manquer totalement une charge qu'il entreprit contre un carré de jeunes soldats français, déjà ébranlés par l'artillerie, parce qu'il trouva sur le terrain qu'il parcourut une soixantaine de tirailleurs qui, s'étant réunis, se défendirent avec beaucoup d'intelligence et de valeur.

3*

ordre profond. Cette réflexion m'amène à
observer que les tirailleurs et leurs réserves, en appuyant un peu à droite et à
gauche pendant qu'ils feront leur mouvement rétrograde, démasqueront facilement la division de chaque bataillon qui
sera en regard de l'ennemi, et que par
conséquent ces petits pelotons ne pourront pas être un obstacle pour l'exécution des feux qu'on pourrait supposer que
l'infanterie serait dans la nécessité de faire
dans cette circonstance.

Concluons donc en disant : que si, dans
la supposition énoncée, la manière de répartir nos voltigeurs devant un front d'infanterie offre des avantages, et ne présente aucun inconvénient, il sera conséquent de l'adopter.

§. VIII.

Faire passer une compagnie de voltigeurs, de l'ordre établi pour combattre des tirailleurs d'infanterie, à celui indiqué pour combattre des tirailleurs de cavalerie.

(*Pl. IV.*) Si, pendant que les tirailleurs sont dans l'ordre prescrit pour combattre des tirailleurs d'infanterie, il se présentait une troupe de cavaliers irréguliers; que ces cavaliers fussent vus de loin, et qu'enfin le cas énoncé dans l'article précédent se présentât; l'officier de voltigeurs, ayant reçu l'ordre d'arrêter cette cavalerie, fera aussitôt prendre à sa compagnie la disposition de combat indiquée à l'article ci-dessus. Pour y parvenir il fera sonner *en retraite*; et, tandis que les deux lignes se rapprocheront du front de bataille, il fera former la seconde ligne en trois petites sections par le commandement : *Formez les sections de réserve.*

Les officiers et les sous-officiers aide-
ront à l'exécution de ces mouvemens, en
se portant de suite aux points où les sections devront se réunir.

S'il y avait trois lignes, la seconde se
ploierait sur ses deux ailes, et la section
de réserve se trouverait ainsi placée et
formée. Pendant la formation de ces trois
petits pelotons, toute la compagnie continuera son mouvement rétrogradé, pour
se rapprocher du bataillon.

Les sections des ailes seront dirigées
dans leur marche, de manière à être main-
tenues vis-à-vis le centre de leur demi-
bataillon respectif.

Les tirailleurs engagés continueront
leurs feux pendant ce mouvement rétrograde. Lorsque le capitaine qui marchera
avec la section du centre, la trouvera
assez rapprochée du bataillon, il l'arrêtera. Les sections des ailes et les voltigeurs de la première ligne s'arrêteront
successivement quand ils auront leur distance. Le capitaine fera augmenter, re-

nouveler ou rappeler les tirailleurs, selon les circonstances.

OBSERVATIONS.

Cette manœuvre s'exécutera, comme
on le voit, sans qu'il soit nécessaire de
lui appliquer une sonnerie particulière.

Lorsque les voltigeurs en action verront que la seconde ligne se forme en
sections, pendant le mouvement rétrograde, ils jugeront facilement, par l'habitude qu'ils auront de faire cette manœuvre, qu'on prend la disposition indiquée pour combattre des tirailleurs de
cavalerie.

§. IX.

*Faire passer une compagnie, de l'ordre
prescrit pour combattre des tirailleurs
de cavalerie, à celui indiqué pour combattre des tirailleurs d'infanterie.*

(*Pl. V.*) On conçoit combien il sera
facile de faire passer des voltigeurs, de l'or-

dre établi pour combattre des tirailleurs de cavalerie, à celui indiqué pour combattre des tirailleurs d'infanterie.

Pour l'exécution de cette manœuvre, le capitaine de voltigeurs fera sonner : *en avant.*

Tandis que les tirailleurs de la première ligne exécuteront le mouvement prescrit par ce commandement, il fera former la seconde ligne par le commandement : *déployez les sections de réserve.*

Cette seconde ligne marchera elle-même en avant après s'être formée, et sera arrêtée, ainsi que la première, par la sonnerie de *halte* que le capitaine fera faire lorsque l'une et l'autre seront sur le terrain qu'elles doivent occuper.

----

§. X.

Relever les tirailleurs d'une compagnie par les hommes de sa réserve.

(*Pl. VI.*) Une compagnie étant sur deux

lignes, lorsque le capitaine voudra relever les tirailleurs en action par les hommes de la réserve (ou seconde ligne), il fera exécuter la sonnerie reconnue pour l'exécution de ce mouvement; alors les hommes de la seconde ligne se porteront en avant, dépasseront de dix pas les tirailleurs qui combattent, s'arrêteront, et choisiront le terrain sur lequel ils devront s'établir; à cette même sonnerie, les voltigeurs de la première ligne raccorderont leur alignement, et ne commenceront leur mouvement rétrograde, pour se porter en seconde ligne, que lorsqu'ils auront été dépassés par les voltigeurs qui leur succèdent.

Lorsque la seconde ligne se portera en avant, elle laissera quelque temps de pied ferme, sur l'emplacement qu'elle aura quitté, plusieurs sous-officiers et caporaux, afin de faire connaître aux voltigeurs qui viennent en seconde ligne le terrain sur lequel ils devront s'arrêter. En prenant cette précaution, on n'aura pas be-

soin du clairon ou des commandemens
pour arrêter cette ligne.

Si cette compagnie était disposée sur
trois lignes, la seconde relèverait la première; la réserve se déploierait, et irait
occuper l'emplacement de la seconde ligne, et les hommes de la première viendraient, en se réunissant, former le peloton de réserve.

OBSERVATIONS.

Les voltigeurs relevés mettront leurs
armes en état, feront l'inspection de leurs
munitions, et en rendront compte à l'un
des officiers ou sous-officiers de leur compagnie qui sera chargé de ces détails, et
qui parcourra leur ligne en les question-
nant.

-----

§. XI.

*Relever une compagnie en tirailleurs par
une autre compagnie.*

Lorsqu'on voudra relever une compagnie en tirailleurs par une autre compa-

gnie, on agira de la manière suivante : la compagnie désignée pour relever celle qui est en action, se portera à vingt ou trente pas en arrière de la réserve ou de la seconde ligne de cette dernière, et se déploiera, sur cet emplacement, par les mêmes moyens et de la même manière que celle qu'elle va relever, afin qu'après le déploiement elle lui corresponde entièrement. Après cela son chef fera exécuter la sonnerie de relever les tirailleurs.

Le capitaine de la compagnie engagée fera répéter cette sonnerie ; à ce double commandement, les voltigeurs de la compagnie qui est en action raccorderont leur ligne, et le peloton nouvellement déployé se portera en avant : chaque ligne et réserve de ce peloton ayant dépassé de dix pas celle à laquelle elle doit succéder, s'arrêtera sans commandement, les hommes devant, en franchissant cette ligne, compter les dix pas qui doivent les en séparer.

(60)

Alors, seulement, les voltigeurs qui
auront été dépassés sur leur emplacement
feront, sans commandement, leur mouvement rétrograde, et quand ils se seront
transportés au-delà de la réserve ou seconde ligne de la compagnie qui les a
relevés, ils se réuniront en peloton, et se
porteront à leur place de bataille (1).

OBSERVATIONS.

Lorsqu'on relèvera les tirailleurs, ils se
trouveront toujours dans l'une des positions suivantes : de pied ferme, marchant

---

(1) Lorsqu'en faisant succéder des tirailleurs à des
tirailleurs sur la ligne d'action, on fait dépasser de
dix pas les lignes qui combattent par celles qui
vont entrer en action, comme je le prescris ci-dessus, on met chacune d'elles à même de savoir quand
elle doit s'arrêter ou se retirer. C'est un de ces procédés simples d'un bon usage à la guerre. On n'a
pas besoin, par l'adoption de ce moyen, de faire
exécuter des sonneries pour prévenir chaque ligne
du mouvement particulier qu'elle doit faire : ce qui
évite la confusion et les faux mouvemens.

(61)

en avant, ou effectuant un mouvement
de retraite.

Dans le premier cas, on se conformera
à ce qui a été prescrit ci-dessus (§. X et XI).

Dans le second, on agira comme dans
le premier, avec cette différence que les
voltigeurs, en se portant en première ligne, accélèreront conséquemment leur
pas, puisque les tirailleurs qu'ils doivent
dépasser sont eux-mêmes en marche (1).

Dans le troisième cas, enfin, on se
conformera à ce qui sera prescrit ci-après
(aux mouvemens rétrogrades).

———

§. XII.

*Moyens de défense qu'emploieront des
tirailleurs d'infanterie, répartis pour
combattre des tirailleurs de même arme,
et attaqués par la cavalerie.*

L'on jugera facilement que le cas dont
il est question maintenant est tout-à-fait

______

(1) Il n'est pas besoin de dire, je pense, qu'on

différent de celui énoncé aux paragraphes VII et VIII. En effet, dans ces paragraphes, j'ai parlé de la nécessité et de la possibilité qu'il y avait d'opposer des tirailleurs d'infanterie à des cavaliers lancés en fourrageurs ; tandis que, dans celui-ci, je traite spécialement des moyens de défense auxquels les tirailleurs auront recours, lorsque, n'étant plus immédiatement sous la protection de leurs colonnes, ils deviendront l'objet d'une attaque prompte et sérieuse de cavalerie.

PREMIÈRE SUPPOSITION.

(*Pl. VII*, *fig.* 1re.) Si donc, lorsque des voltigeurs sont dispersés dans l'ordre indiqué pour combattre des tirailleurs d'infanterie, la cavalerie vient tout-à-coup fondre sur eux, le capitaine fera aussitôt

---

se gardera de relever les tirailleurs quand on leur aura donné de l'impulsion en les portant en avant ; on ne le fera, dans les exercices, que pour leur donner de l'aplomb en augmentant les difficultés.

sonner le ralliement sur le centre ou sur tout autre point de la ligne , eu égard à la nature du terrain. Chaque ligne s'agglomérera , et les deux sections se réuniront en marchant à la rencontre l'une de l'autre, se formeront circulairement en arrière sur leur centre , attendront l'ennemi à quarante pas , feront feu , et croiseront la baïonnette.

Les deuxième et troisième rangs serreront ferme sur le premier pour le soutenir ; les deux premiers rangs tireront debout ; le troisième et les serre-files conserveront leur feu pour tirer à la dernière extrémité, ainsi qu'il est prescrit de le faire aux sections intérieures, dans nos carrés doubles.

DEUXIÈME SUPPOSITION.

(*Pl. VII. fig.* 2.) Pour entrer dans les détails du cas que je traite ici , j'admettrai encore que l'apparition de cette cavalerie soit si subite, que les voltigeurs n'aient pas le temps de se réunir sur un seul point (ce qui arrivera fort rarement lorsqu'ils seront bien exercés) : alors le capitaine fera sonner le ralliement sur les deux ailes ; les voltigeurs, en conséquence du signal donné, démasqueront au pas de course le front de bataille, pour se réunir en sections vis-à-vis des intervalles des bataillons.

Ce mouvement leur sera rarement impraticable, par la raison que le front d'un bataillon étant ordinairement de cent soixante pas au plus, les voltigeurs les plus éloignés des points de réunion n'auront que quatre-vingts pas et moins à parcourir, pour exécuter cette manœuvre qui sera faite au pas de course.

Les sections, après s'être formées, feront une marche rétrograde vers leurs bataillons, si la chose leur est possible sans trop s'exposer ; mais si le terrain sur lequel elles se sont formées ajoute à leurs moyens de défense, il sera prudent qu'elles s'y maintiennent. Dans le cas où elles se seraient mises en marche pour se rapprocher de leurs colonnes, elles profiteront de tous les accidens de terrain pour se couvrir et pour faire leur feu. Elles se feront suivre pendant leur marche par quelques tirailleurs qui, en raison de l'approche de l'ennemi, mettront plus ou moins de diligence à regagner leurs rangs (1).

Dans le cas où l'on détacherait contre ces sections des cavaliers en tirailleurs, elles feraient *halte;* formeraient le cercle, apprêteraient les armes, et garderaient prudemment leurs feux, pour résister à une attaque plus sérieuse, dont celle-ci pourrait n'être qu'une démonstration calculée. Quelques coups de fusils meurtriers

-----

(1) Il me semble qu'une troupe de cavalerie qui se disposerait à faire une charge sur une ligne d'infanterie, qui se formerait alors en carrés ou en colonnes serrées, ne s'amuserait pas, sans imprudence, à changer l'ordre de sa marche, pour suivre des tirailleurs qui, avant d'être atteints, seraient déjà bien rapprochés de leurs bataillons.

des serre-files qui sortiraient du cercle, suffiraient pour éloigner ces tirailleurs. Les sections continueraient ensuite leur marche.

TROISIÈME SUPPOSITION.

(*Pl. VII*, *fig.* 3.) Je terminerai cet article en disant, en troisième supposition, que si nos tirailleurs sont chargés si rapidement, qu'ils n'aient pas le temps de se réunir vis-à-vis des intervalles de leurs bataillons, ils devront s'agglomérer en petits groupes d'une ou de deux files chacun, et mettre à profit toutes les inégalités du terrain. Selon les attaques de l'ennemi, ils feront tantôt face à droite, tantôt face à gauche ; ou bien, en se mettant dos à dos, ils feront face de tous côtés.

Dès que ces petits pelotons auront un moment de répit, ils en profiteront pour se rapprocher les uns des autres, se réunir, et choisir leur terrain.

La réserve qui est en seconde ligne se

réunira au pas de course pour se porter partout où besoin sera.

---

§. XIII.

Voltigeurs employés à précéder des colonnes qui, arrivant sur le terrain d'action, s'y déploient.

Si nos colonnes ont parcouru un pays couvert, ou ont pénétré dans un défilé, les voltigeurs auront été employés à les précéder dans leur marche, pour fouiller le terrain, ou pour parcourir les hauteurs qui auraient dominé le chemin qu'elles auront suivi. Ces voltigeurs n'auront été envoyés qu'en fort petit nombre pour faire ce service fatigant.

Si l'ennemi s'est opposé à la marche de notre infanterie, on aura alors fait usage de grandes bandes de tirailleurs qu'on aura lancées sur ses flancs, tandis que nos colonnes l'auront attaqué de front.

Mais, ne pouvant pas examiner toutes les suppositions auxquelles pourrait donner lieu le cas spécial dont il s'agit ici, je me bornerai à admettre que nos colonnes, en arrivant sur un terrain où elles veulent se déployer, y soient inquiétées par les tirailleurs de l'ennemi. Dans cette hypothèse, l'officier de voltigeurs déploiera ses soldats sur deux lignes, en avant du front qu'il protége, marchera rapidement et sans hésitation sur l'ennemi, et emploiera sa seconde ligne au besoin.

J'avancerai en principe que lorsqu'on ne veut que se maintenir dans ses positions, on ne doit employer que le nombre indispensable de tirailleurs; et qu'au contraire il faut augmenter l'énergie de leur action par l'emploi des réserves, toutes les fois qu'on marche à l'ennemi.

Pour rentrer dans le sujet que je traite ici, je dirai que si on veut rappeler les voltigeurs pour combattre à leur place de bataille, après qu'ils auront obtenu le succès qu'on attendait d'eux, les tambours rappelleront.

Les clairons sonneront le ralliement sur les deux ailes, et les voltigeurs, après s'être formés vis-à-vis des intervalles de leur bataillon, se porteront à leur place de bataille, qu'ils rejoindront après avoir passé par les intervalles des bataillons, et s'être réunis derrière eux en peloton.

§. XIV.

Voltigeurs employés à attaquer de l'artillerie.

Voici un cas où l'expérience a souvent coûté cher à acquérir, et où l'instruction sera un bon auxiliaire.

(*Pl. VIII.*) Dans les répétitions qu'on fera faire aux voltigeurs de l'attaque d'une batterie, on leur recommandera soigneusement d'ouvrir leur ligne, afin de ne point se trouver dans la direction du tir des pièces qu'on chargerait inévitablement à mitraille, s'ils n'avaient cette prudence.

Pour parvenir au but qu'on se propose, l'officier de voltigeurs fera avancer une aile, ou les deux ailes de sa compagnie, selon le terrain et la position où elle se trouve, de manière à former une ligne demi-circulaire autour de la batterie. Par cette nouvelle disposition, tous les tirailleurs se trouveront à peu près à égale portée du point qu'ils veulent atteindre. C'est particulièrement dans cette circonstance qu'il est essentiel pour les voltigeurs de se masquer et de parvenir, à la faveur des buttes et des buissons, le plus près possible des pièces.

Si on changeait la direction du tir pour pointer sur nos tirailleurs, ils sauraient, qu'à la manière des paysans vendéens, ils doivent se jeter le ventre à terre au moment où ils voient le feu de la lumière; puis se relever spontanément, pour continuer leur attaque.

Ces manœuvres formeront le moral de nos voltigeurs en les familiarisant avec les images du danger, et en leur faisant entrevoir les moyens de l'éviter.

§. XV.

Voltigeurs employés à précéder la marche d'une colonne d'attaque.

Si les voltigeurs sont désignés pour précéder des colonnes qui tentent des attaques de vive force, ils seront employés soit à attaquer une ligne ou des colonnes de l'ennemi, soit à éteindre le feu de son artillerie, soit à l'attaque d'un village, soit enfin à celle d'un retranchement, selon le point sur lequel on les dirigera.

Dans ces suppositions, on déploiera la compagnie sans réserve de seconde ligne, afin de donner plus d'énergie à l'attaque. Les voltigeurs, livrés à toute leur impétuosité, doivent se porter en avant, forcer les tirailleurs ennemis à un mouvement rétrograde, afin de rendre plus facile la marche de leur colonne qui s'avance.

Après qu'ils auront gagné du terrain et obtenu un premier succès, le capitaine, d'après les instructions qu'il aura reçues, les circonstances et les localités, devra chercher, dans la première supposition (*attaque d'une ligne ou d'une colonne*) à prendre l'ennemi en flanc, à tourner sa position, ou enfin à s'emparer de quelque hauteur qui le domine.

Dans la seconde supposition (*s'ils sont destinés à éteindre le feu de son artillerie*), les voltigeurs chercheront à en tuer les chevaux et les canonniers, en se conformant à tout ce qui a été dit au §. XIV.

Dans la troisième supposition, le capitaine s'attachera à découvrir les parties mal défendues du village, objet de l'attaque, et y parviendra en sondant l'ennemi sur tous les points de ce poste, qu'il fera entourer par ses voltigeurs, autant qu'il sera possible et prudent de le faire. La résistance de l'ennemi sur tel ou tel point, et l'aspect des lieux lui donneront bientôt à connaître quelle est la partie sur laquelle il doit les réunir pour continuer l'attaque. Alors faisant sonner *à droite*, *à gauche* ou *sur le centre*, il y portera ses tirailleurs, qui feront de nouveaux efforts sur ce point.

Dans la quatrième supposition, enfin, il gagnera du terrain sur les tirailleurs qui défendent l'approche des retranchemens, qu'il tournera, tant pour faire diversion aux troupes qui les occupent, que pour forcer les tirailleurs ennemis, en se conformant à leurs mouvemens, à abandonner la défense du point, objet de l'attaque de nos colonnes.

Lorsque, dans ces différens cas, nos lignes approcheront de l'ennemi, nos voltigeurs seront ordinairement rappelés pour combattre à leur place de bataille.

Mais si le terrain et les circonstances font naître le projet de leur laisser continuer leur attaque, ils devront franchir avec rapidité l'espace qui les sépare de la position ennemie, et alors leur conduite sera subordonnée aux différentes hypothèses que nous venons de détailler.

Dans la première, ils refouleront les tirailleurs de l'ennemi jusque sur leur colonne, dont ils harcelleront les flancs avec courage.

Dans la deuxième, ils chercheront à s'emparer de ses canons, ou à les forcer d'abandonner leur position.

Dans la troisième, ils pénètreront dans le village par les points les plus mal défendus, ou les plus faibles; ou bien enfin dans la quatrième, secondant l'audace de la colonne qu'ils précèdent, ils viendront attaquer l'ennemi avec impétuosité jusque dans ses retranchemens, qu'ils prendront à revers pour faire une utile diversion.

Si les voltigeurs, repoussés par des forces trop supérieures, étaient forcés de battre en retraite, ils se rallieraient derrière un accident du terrain, s'il s'en trouvait un; dans le cas contraire, ils se rapprocheraient de leur colonne, en se défendant avec opiniâtreté, et en ayant le soin surtout de s'étendre sur ses flancs.

Ce mouvement fait individuellement, offrant moins de prise à l'ennemi qu'en masse, serait moins dangereux pour eux, et beaucoup plus meurtrier pour lui, chaque homme profitant de toutes les inégalités du terrain pour faire face et résistance à l'ennemi.

Si enfin ils étaient chargés par la cavalerie, et que le terrain ne leur offrît pas protection, ils auraient recours aux moyens de défense indiqués contre la cavalerie, §. XII.

---

§. XVI.

Tirailleurs employés à la défense d'un carré.

Lorsqu'un carré deviendra l'objet d'une charge de cavalerie, on emploiera utilement des tirailleurs pour ajouter à ses moyens de défense. Cette opinion est une conséquence des réflexions suivantes :

L'expérience a établi en principe, qu'un carré d'infanterie, pour ne pas être la dupe des fausses attaques de l'ennemi, et pour rendre sa résistance plus vigoureuse en assurant ses coups, doit ne commencer son feu qu'à une très-petite distance de la cavalerie qui le charge. Un point essentiel et difficile à obtenir, est que cette infanterie, après qu'elle aura réussi à mettre en désordre le premier escadron d'attaque, ce qui est inévitable si elle use prudemment de ses feux, cesse aussitôt de tirer, et charge ses armes avec diligence, car alors elle doit toujours s'attendre à une nouvelle charge qu'entreprendra un second escadron, lorsque celui qui a échoué lui aura abandonné, en se retirant, le terrain qu'il a parcouru.

S'il est vrai qu'un carré d'infanterie ne doit tirer sur la cavalerie qu'à une très-petite portée, on doit reconnaître en même temps qu'un feu commencé de loin a l'avantage d'intimider les hommes et les chevaux, et de détruire ainsi chez l'ennemi le sang-froid et l'harmonie si nécessaires pour le succès d'une charge.

Ce dernier moyen de défense étant donc reconnu avantageux pour préparer un succès complet, concluons que, pour l'obtenir, il faudra recourir aux tirailleurs qu'on jettera un peu en avant du carré, à droite et à gauche de la face menacée. Ces soldats, sortis de la partie du carré qui est opposée à celle qui fait face à l'ennemi, rentreront à leur place de bataille lorsque la cavalerie, en approchant, deviendra plus rapide dans sa marche (1).

---

(1) Il est prescrit, dans les évolutions de ligne, de répandre des tirailleurs autour des colonnes et des carrés, lorsqu'ils sont harcelés par des housards.

§. XVII.

Voltigeurs employés à combattre isolément (compagnie envoyée en détachement).

Les guerres d'Espagne nous ont fourni de fréquens exemples de ces petits combats auxquels se trouvent exposés les détachemens envoyés en escorte ou en expédition.

Il faut donc prévoir le cas où une compagnie de voltigeurs, livrée à ses propres forces, sera obligée de combattre dans un parfait isolement. Il me paraît alors nécessaire qu'une partie de cette compagnie soit en tirailleurs, et l'autre en réserve réunie. On conviendra que cette réserve en peloton est indispensable, et qu'elle aura l'avantage de donner de la confiance au soldat, et en cas d'infériorité, de le dominer et de soutenir son moral.

Je puis dire que, dans ce cas, le terrain sur lequel on doit combattre n'étant point déterminé, comme dans celui ou cette compagnie serait employée à protéger une ligne au mouvement de laquelle il faudrait qu'elle se subordonnât, il sera facile au chef de cette petite troupe de choisir le terrain et d'en tirer parti.

Comme dans ces circonstances on ne peut pas ordinairement renouveler ses munitions, on aura grand soin de les bien ménager, et de ne tirer qu'à propos.

Je me rappelle avoir parcouru en 1811, étant en détachement, un terrain où la veille M. Crochon, alors sous-lieutenant au 47ᵉ régiment de ligne, se battit avec quatre-vingts voltigeurs contre neuf cents guérillas, tant infanterie que cavalerie, par qui il fut harcelé pendant trois heures. Sa petite troupe, formée sur deux sections, était protégée dans son mouvement rétrograde par les soldats les plus adroits, qu'il avait lancés en tirailleurs ; tantôt il en augmentait le nombre, et les éloignait d'elle, quand le terrain lui donnait de la sécurité contre les entreprises de la cava-

lerie , tantôt , au contraire , il les rappelait
en partie pour traverser des lieux décou-
verts , et les rapprochait de sa troupe ;
d'autres fois enfin , jugeant les desseins de
l'ennemi , il les réunissait tous à son peloton, qu'il formait circulairement , ou sur
deux sections qu'il mettait dos à dos , et
attendait la cavalerie à bout portant pour
faire ses feux : La charge repoussée , il con-
tinuait sa route en prenant les mêmes précautions (1).

Dans ce cas, je n'admettrai donc point
de réserve déployée, ne la trouvant bonne
que dans certaines circonstances (devant
un front d'infanterie), parce que les avantages qu'on en retire sont réels , et que

____

(1) Ce combat se passa près de Monasterio.
M. Crochon, alors officier au 47ᵉ régiment de ligne,
maintenant capitaine de voltigeurs au 7ᵉ régiment
d'infanterie, fut blessé, perdit beaucoup de monde ;
mais donna à l'armée un bel exemple, qui fut connu
par un ordre du jour où l'on fit l'éloge de cet officier.

les dispositions que l'on prend pour les obtenir ne font pas craindre de fâcheuses compensations ; les tirailleurs étant bien soutenus, et leur manque de profondeur étant suppléé par la présence de la troupe qu'ils précèdent, éclairent ou protégent.

---

§. XVIII.

Des mouvemens rétrogrades.

Je crois qu'il est prudent, dans les mouvemens rétrogrades, de donner le plus de consistance possible à la ligne des tirailleurs. Quand l'ennemi a des avantages, il faut que les voltigeurs soient suivis d'un ou de plusieurs pelotons de réserve, qui marcheront en ordre sous le commandement de leurs chefs. Ceux-ci retremperont le moral des soldats s'ils sont intimidés, et leur prescriront les moyens de bien exécuter les ordres qu'ils jugeront avoir à leur donner par la suite.

Lorsque le mouvement rétrograde s'effectuera dans un bois, les tirailleurs, n'ayant rien à craindre de la cavalerie, défendront le terrain pied à pied, et ne l'abandonneront qu'à la dernière extrémité. Ils se feront des remparts et des embuscades des buttes, des fossés, des arbres, et des buissons, derrière lesquels ils attendront l'ennemi, afin de le bien ajuster, et de le tirer lorsque, quittant son gîte, il se mettra en vue pour marcher en avant.

Le capitaine se servira de quelques sous-officiers, et de quelques éclaireurs adroits et intelligens, qu'il enverra sur les flancs et sur les derrières de sa troupe, pour prendre connaissance des localités.

Il devra, s'il y a lieu, profiter des plis du terrain pour tendre des piéges à l'ennemi avec sa réserve, et le rendre, par ce moyen, craintif et moins entreprenant.

Celui qui abandonne un terrain, et qui en connaît toutes les ressources, doit en tirer parti contre un ennemi qui s'y engage et s'y livre.

Lorsque des tirailleurs seront employés à couvrir la marche rétrograde d'une colonne qui pénètre dans des défilés, ils défendront l'approche de ces lieux avec intrépidité et ténacité; puis, s'engageant eux-mêmes dans le défilé, et se répandant sur toutes les hauteurs qui le dominent, ils feront face et résistance à l'ennemi, en profitant de toutes les sinuosités du terrain pour se rendre redoutables et couvrir leur colonne.

OBSERVATIONS.

Si la colonne, dans sa marche rétrograde, s'éloignait trop des tirailleurs, le capitaine ferait sonner en retraite, pour les avertir d'accélérer leur marche. Si, au contraire, ils s'approchaient trop de la colonne, qui alors pourrait être exposée au feu de l'ennemi, il ferait sonner halte, et ensuite en retraite quand ses tirailleurs auraient leur distance. Le capitaine subordonnera le mouvement de ses tirailleurs à la marche de la colonne ou de la ligne qu'il couvre.

---

§. XIX.

Relever les tirailleurs dans les mouvemens rétrogrades.

Lorsque le capitaine voudra faire relever les tirailleurs, il fera exécuter la sonnerie adoptée pour ce mouvement.

A ce commandement, l'officier attaché à la réserve la déploiera sur le terrain où elle se trouvera. Les voltigeurs s'établiront avec intelligence sur cet emplacement, de manière à se masquer, autant que possible, à la vue de l'ennemi.

Pendant ce temps, les tirailleurs en action feront leur mouvement rétrograde, en continuant leur feu, et quand ils arriveront à la hauteur de ceux récemment déployés, ils cesseront de tirer, compteront et marcheront lestement deux cents pas. Ils se réuniront ensuite sans commandement, sur le centre de leur ligne, pour former la réserve qui, après avoir reçu des instructions, sera subdivisée en trois petits pelotons. Les voltigeurs nouvellement déployés devront profiter avec intelligence de leur position d'embuscade, pour rendre surtout leur premier feu meurtrier, et ne le pas commencer avant d'avoir été dépassés par ceux qu'ils relèvent.

La partie agissante et la réserve se succéderont, en raison de l'imminence du danger de la première, et toujours au signal de relever les tirailleurs.

On conçoit avec quelle assurance les voltigeurs de la seconde ligne, qui se seront embusqués, et où règnera un ordre récent, attendront l'ennemi, tandis que les tirailleurs de la première ligne, certains d'être bien soutenus dans leur mouvement rétrograde, conserveront le sang-froid que donne la confiance, et se rendront encore redoutables, en profitant de toutes les inégalités du terrain pour faire leur feu.

Si, au lieu de renouveler les tirailleurs d'une compagnie par sa réserve, il s'agit de relever une compagnie en tirailleurs par une autre, on fera ce qui suit.

A la sonnerie de relever les tirailleurs, la compagnie en action continuera son mouvement, en raccordant ses lignes, et en continuant toujours son feu.

Le peloton désigné pour relever celui qui est en action se déploiera, et formera ses lignes à bonne distance en arrière de la réserve des tirailleurs qui combattent. Ces lignes nouvellement déployées s'embusqueront sur ce terrain, si la chose est possible.

Lorsque la compagnie qu'on relèvera aura successivement dépassé la réserve ou seconde ligne de la compagnie nouvellement établie sur le terrain, elle se formera lestement, et sans commandement, en un peloton qui se portera à sa place de bataille.

OBSERVATIONS.

Lorsque l'officier de voltigeurs aura pris la décision de relever les tirailleurs, il fera placer en arrière de la réserve, et sur un certain front, quelques sous-officiers et caporaux, afin que les tirailleurs relevés aient des limites, et soient maintenus et réunis plus facilement. Cette précaution, toujours utile, deviendra indispensable dans certaines circonstances.

Si la compagnie était formée sur trois lignes, le mouvement de relever les tirailleurs s'opérerait d'après les mêmes principes. La première ligne ferait son mouvement rétrograde, dépasserait la seconde et irait se former à deux cents pas derrière la réserve qui se déploierait en seconde ligne, dès qu'elle aurait été dépassée par les voltigeurs qui se retirent.

Les tirailleurs doivent être exercés à se replier tantôt avec calme, tantôt avec rapidité ; mais le pas de course en retraite ne doit jamais être pris spontanément :

ce serait fuir, ce qui est toujours honteux et imprudent. Ils ne doivent le prendre que d'après le commandement du chef, qui ne le fait que lorsqu'il y a urgence. Dans ce dernier cas, c'est une manœuvre comme une autre, et dont le bataillon est prévenu par les exercices journaliers.

§. XX.

Former sur deux rangs un peloton qui est sur trois, et vice versâ.

Ayant avancé qu'il était nécessaire d'avoir les voltigeurs sur trois rangs, avant de les lancer en tirailleurs, afin qu'il leur soit facile de prendre cette formation, qui est la seule convenable, lorsqu'ils seront chargés par la cavalerie; prévoyons le cas où, dans le cours d'une campagne, on adopterait généralement ou partiellement de former les troupes sur deux rangs; ce qui fera naître la nécessité de mettre un peloton de voltigeurs d'abord sur deux rangs, ainsi qu'aura dû le faire le bataillon dont il dépend, et de lui redonner sa formation première avant de le lancer en tirailleurs.

J'entre dans les moyens d'exécution.

Lorsqu'on voudra former sur deux rangs un peloton en bataille, de pied ferme, qui est sur trois rangs, le capitaine commandera :

1° *Sur deux rangs;*

2° Marche.

Au deuxième commandement, les hommes du second rang qui font partie des files impaires, se porteront au premier rang et à la gauche de leurs chefs de file respectifs; ceux qui feront partie des files paires passeront au troisième rang, et respectivement à la gauche des hommes de leurs files.

Les voltigeurs du premier et du troisième rangs appuieront à gauche et à droite, par de petits mouvemens, pour faire place aux hommes du second.

Le troisième rang marchera ensuite un pas en avant, pour se porter à la place du second, et prendre la distance qui doit le séparer du premier.

Si, dans la même supposition, le peloton est en marche, sa formation sur deux rangs aura lieu de la manière suivante : les hommes du premier et du troisième rangs obliqueront légèrement à droite et à gauche, pour recevoir les hommes du second, et le troisième serrera ensuite sur le premier.

Si le peloton est en marche par le flanc, les hommes du second rang se mettront au premier et au troisième rangs derrière les hommes de leurs files qui diminueront un instant la longueur du pas, pour leur faire place.

Cette manière de former un peloton sur deux rangs est expéditive, et généralement préférée à une méthode de formation plus régulière, quand on ne tient pas précisément à conserver le rang de taille. Les hommes se trouvent encore

(91)

placés, après cette opération, dans leurs sections et subdivisions respectives, ce qui n'est pas sans importance.

Lorsque le capitaine voudra reformer son peloton sur trois rangs, il commandera :

1° *Sur trois rangs ;*

2° MARCHE.

Si le peloton est de pied ferme et en bataille, le troisième rang marchera au deuxième commandement, deux pas en arrière. Les hommes du second rang se mettront derrière leurs chefs de file, et les voltigeurs des trois rangs appuieront par de petits mouvemens vers le centre du peloton, pour faire disparaître les intervalles formés par le mouvement des hommes du second rang.

Si le peloton est en marche en bataille, les hommes du troisième rang, au deuxième commandement, raccourciront un peu leurs premiers pas, pour faire place à ceux du second rang, qui exécuteront le même mouvement que de pied ferme.

Si les voltigeurs marchent par le flanc, les hommes du second rang se mettront à leur place de bataille, au commandement d'exécution, et la tête du peloton raccourcira d'abord un peu le pas, pour faire disparaître les intervalles qui se trouveront alors entre les files.

OBSERVATIONS.

Il serait facile de faire exécuter ces formations à un bataillon ; il faudrait, avant de former chaque compagnie sur deux rangs, faire prendre, par la droite et par la gauche du bataillon, quelques pas d'intervalles d'un peloton à l'autre, la compagnie du drapeau restant où elle est. Lorsque ce bataillon, étant sur deux rangs, aurait ensuite été reformé sur trois, on ferait disparaître les intervalles qui se trouveraient de cette manière entre les pelotons, en les faisant appuyer sur celui du drapeau.

§. XXI.

*Application à un bataillon des manœu-
vres qui ont été proposées pour une
compagnie de voltigeurs.*

Lorsqu'on aura bien familiarisé les soldats avec les méthodes simples de ploie-
ment et de déploiement, qu'on leur aura
appris à connaître les sonneries de l'ordonnance, auxquelles on les habituera à
obéir avec scrupule et ensemble, on conçoit combien il sera facile de faire exécuter
à un bataillon tout ce qu'on a fait exécuter
à une compagnie isolée. Le chef de bataillon fera préalablement prendre, entre les
pelotons, la distance nécessaire pour en
effectuer le déploiement : appuyons cette
opinion par un premier exemple.

Supposons qu'on veuille envoyer en tirailleurs un bataillon de huit compagnies,
fortes chacune de trente files, et que l'intervalle qui doit exister d'un tirailleur à
l'autre soit de dix pas.

Admettons dans cette supposition, pour embrasser plusieurs cas, qu'on veuille former les tirailleurs sur trois lignes de profondeur, ce qui me semblera convenable dans les circonstances ordinaires, lorsqu'on enverra plus de trois compagnies réunies pour tirailler sur un terrain découvert (1).

Déploiement d'un bataillon en tirailleurs.

(*Pl. IX.*) Avant de procéder au déploiement d'un bataillon, son chef le portera d'abord en avant de la ligne qu'il doit couvrir (2), fera connaître aux chefs de com-

---

(1) Plus la ligne des tirailleurs est étendue, et plus il faut lui donner de consistance, surtout quand elle est isolée par son éloignement. C'est en raison de ce principe que, lorsqu'on emploie de grandes bandes de tirailleurs, on les fait soutenir ou protéger par des compagnies, et même par des bataillons entiers, lorsqu'ils agissent loin de leur ligne.

(2) Cette marche se fera en bataille ou en colonne, le déploiement du bataillon étant aussi facile en colonne qu'en bataille.

pagnies l'intervalle qui doit exister entre chaque tirailleur, et fera prendre à son propre commandement la distance que les pelotons doivent avoir entre eux avant de se déployer. Ces distances pourront se prendre par la droite, par la gauche, ou simultanément par les deux ailes du bataillon : traitons ce dernier cas.

Si donc, dans cet exemple, on veut déployer un bataillon en tirailleurs sur son quatrième peloton, le chef de bataillon commandera :

1° *Prenez les distances de trois cents pas sur le quatrième peloton ;*

2° *Bataillon par le flanc droit et le flanc gauche ;*

3° *Droite, gauche ;*

4° MARCHE.

Au commandement *marche*, tous les pelotons, moins le quatrième, se mettront en marche par le flanc, et chacun d'eux, pendant ce mouvement, se formera sur

trois sections qui continueront à marcher
par le flanc et à même hauteur.

Lorsque les troisième et cinquième
compagnies auront fait halte et front,
après avoir compté et fait trois cents pas
(distance qui doit les séparer du quatrième
peloton qui sera resté de pied ferme),
les deuxième et sixième commenceront à
compter et à marcher ce même nombre
de pas avant de s'arrêter ; ainsi de suite
pour les première, septième et huitième
compagnies.

Lorsque le chef de bataillon verra que
les pelotons des ailes seront sur le point
d'avoir leur distance, il donnera l'ordre
au chef du quatrième peloton de faire
déployer ses deux premières sections en
tirailleurs, à dix pas, en se conformant aux
principes de déploiement. La troisième
section restera en petit peloton de réserve.
Ce déploiement sera exécuté avec rapidité, et successivement, par tous les autres pelotons, qui commenceront leur
mouvement, lorsqu'ils verront que le pe-

loton voisin d'eux a entrepris de se déployer.

Après ce déploiement des premières et deuxièmes sections, le chef de bataillon fera sonner *en avant*; et, pour éviter que les voltigeurs ne se confondent dans leur marche, la première ligne, composée des premières sections, partira d'abord, et lorsqu'elle aura parcouru la moitié de la distance qui doit la séparer de la ligne des réserves, ou troisièmes sections, qui seront restées de pied ferme, on mettra la deuxième ligne en marche par la sonnerie qui a mis la première en mouvement.

Lorsque la première ligne sera arrivée sur le terrain où elle doit combattre, on l'arrêtera par la sonnerie *halte*, qui sera aussi un signal d'exécution pour la deuxième ligne, qui se trouvera alors transportée sur le terrain où elle doit observer.

Les distances auxquelles ces lignes doivent se porter en avant sont, comme je l'ai dit plus haut, toujours déterminées par les circonstances et la nature des lieux.

5

Le déploiement du bataillon par pelotons, et des pelotons par files, se pourrait faire par l'aile droite ou par l'aile gauche; mais il sera plus prompt de le faire par les deux ailes simultanément.

Le chef de bataillon se placera ordinairement en arrière des tirailleurs, afin d'être à même de voir, de juger et de se porter partout où il croira sa présence nécessaire.

On mettra dans chaque compagnie un clairon en arrière de la section qui combat, un au centre de la section qui est en seconde ligne, et le troisième, enfin, à celle qui est en réserve.

Lorsqu'on ne formera que deux lignes de tirailleurs au lieu de trois, alors, conformément à ce qui a été dit paragraphe VII, on mettra les compagnies sur deux sections, et non sur trois, avant de les déployer. Cette disposition de tirailleurs aura particulièrement lieu lorsqu'on laissera en réserve des pelotons entiers, ou lorsque les voltigeurs combattront près de leur ligne. Dans ce cas, deux clairons seront en arrière de la première ligne, et le troisième sera en arrière de la seconde.

Lorsqu'on ne formera qu'une ligne de tirailleurs, les clairons seront placés, par compagnie, en arrière du centre et des ailes.

L'adjudant-major et l'adjudant seront habituellement sur la ligne des clairons, afin qu'ils puissent observer et rendre compte au chef de bataillon, qui saura où les trouver.

---

§. XXII.

Relever les tirailleurs d'un bataillon par ses réserves.

Lorsque le chef de bataillon voudra faire relever les tirailleurs en action par ses réserves, la sonnerie l'indiquera, et chaque compagnie agira comme si elle était isolée, et de la manière prescrite dans les diverses suppositions qui ont été traitées ci-dessus (§. **X** et **XIX**).

---

§. XXIII.

Relever un bataillon en tirailleurs par un autre bataillon.

Lorsqu'on voudra faire relever un bataillon en tirailleurs par un autre bataillon, le chef de celui qui va entrer en action, ayant été prévenu du mouvement qu'il doit faire, portera sa troupe en arrière de celle à qui elle va succéder, et la fera déployer de manière à ce qu'elle lui corresponde parfaitement, conformément à ce qui a été prescrit (§. **XI** et **XIX**).

Après le déploiement de son bataillon, il fera sonner : *Relevez les tirailleurs* ; cette sonnerie ayant été répétée dans le bataillon qui est engagé, chaque compagnie se conduira comme si elle était isolée, et suivant ce qui a été indiqué ci-dessus (§. **XI** et **XIX**).

§. XXIV.

Différens mouvemens de déploiemens et de formations relatifs à un bataillon.

Il sera utile, pour former le coup-d'œil des officiers et pour bien rompre les voltigeurs aux manœuvres de tirailleurs, de varier les dispositions qu'on leur fera prendre, en raison du terrain et des mouvemens présumés de l'ennemi, dans des circonstances supposées. C'est ainsi qu'on admettra la nécessité de couvrir un front de bataille, et d'établir des tirailleurs, perpendiculairement à cette ligne, pour protéger ses flancs ; qu'on pourra augmenter les tirailleurs en action par les hommes de la seconde ligne qui seront remplacés par les réserves qui se déploieront alors ; qu'on pourra porter ces réserves elles-mêmes en première ligne, puis lancer ensuite tous ces tirailleurs en avant, en conservant toutefois réunies quelques files qu'on laisserait pour désigner les points de formation de chaque peloton.

Après ce mouvement d'impulsion, on ralliera les tirailleurs par compagnies, au son du clairon, sur leur centre ou sur l'une de leurs ailes. Ce mouvement s'opérera par compagnie, comme si chacune d'elles était isolée.

Après avoir réuni les voltigeurs en pelotons, on fera quelquefois former les compagnies circulairement; le chef de bataillon fera prendre cette disposition à un peloton de la ligne, et les autres exécuteront successivement ce mouvement par imitation. Les pelotons se trouveront sans inconvénient sur le même alignement, les files qui sont en face de l'ennemi étant naturellement les seules qui feront feu.

Lorsque ces files auront tiré, les pelotons tourneront sur eux-mêmes, afin de présenter à l'ennemi les voltigeurs dont les armes sont chargées.

(*Pl. X.*) Si les localités et les dispositions de l'ennemi ne sont pas les mêmes à l'égard de toutes les compagnies, leurs chefs subordonneront naturellement leurs moyens de défense aux circonstances.

Mais admettons maintenant qu'on ait rassemblé les tirailleurs en pelotons par la sonnerie du ralliement sur le centre, et que le chef de bataillon veuille former son bataillon, il fera exécuter la même sonnerie une seconde fois, et se portera au peloton qu'il aura choisi pour être la base de la formation.

Cette compagnie jalonnera, et chacune des autres, en arrivant sur la ligne, fera sortir son guide.

Si, après la formation des pelotons, le chef de bataillon veut les disposer en colonne serrée ou en colonne d'attaque, il fera sonner *le ralliement sur le centre*, et placera chacun d'eux dans la colonne, au fur et à mesure qu'il arrivera. Ces mouvemens seront faits, tantôt au pas accéléré, tantôt au pas de course ; la sonnerie l'indiquera.

Pour que ces mouvemens soient plus

prompts, on prendra pour bases de ralliement le centre des pelotons pour la formation des compagnies, et le quatrième peloton pour la formation du bataillon, à moins qu'il n'y ait nécessité de rallier sur une des ailes, ce que la sonnerie indiquerait.

Si l'on veut que ces pelotons continuent à marcher en avant pendant qu'ils se formeront, les officiers et sous-officiers, s'étant portés dans chaque peloton vers les files qui doivent servir de base à ces mouvemens, leur donneront un point de direction en avant, et les mettront en marche au pas ordinaire : les voltigeurs prendront le pas de course, et ensuite le pas de leur peloton, à mesure qu'ils y arriveront.

On formera de la même manière le bataillon et la colonne, en continuant toujours de marcher en avant. Alors le peloton qui servira de point de ralliement, prendra le pas ordinaire jusqu'à ce qu'il

(105)

ait été rejoint par tous les autres qui se réuniront à lui au pas de course.

Le bataillon étant répandu en tirailleurs, lorsque le commandant en chef voudra qu'il revienne en ligne, il fera *rappeler*. Le chef de bataillon fera sonner le *ralliement sur le centre*, et les voltigeurs se formeront par pelotons. Ce dernier fera ensuite sonner *en retraite*, et les pelotons de droite feront par le flanc gauche et par file à gauche, et les pelotons de gauche par le flanc droit et par file à droite, et se dirigeront vers les intervalles des bataillons, traverseront la ligne de bataille, et se réuniront sur leur quatrième peloton, qui s'établira de pied ferme et jalonnera, ou continuera à marcher si la ligne est en marche. Lorsque ce bataillon sera formé, il se portera à la place de bataille (1).

____

(1) On a mis les pelotons de droite en marche par le flanc gauche, afin qu'après avoir traversé la ligne de bataille, et fait par file à droite pour former le bataillon, ils soient placés sans inversion, ce qui

5**

Le chef de bataillon admettra parfois la nécessité de n'envoyer en tirailleurs que les compagnies impaires, et de faire suivre les pelotons pairs en réserve.

D'autres fois, il laissera en réserve les pelotons des ailes et celui du drapeau; dans ces cas, avant le déploiement, il fera marcher douze pas en arrière les pelotons qui doivent rester en réserve, et leur donnera l'ordre d'occuper en seconde ligne les points qui correspondront aux centres de leurs pelotons divisionnaires, lorsque ceux-ci se seront mis en tirailleurs.

Ce qui est appliqué à l'instruction d'un bataillon peut l'être aussi à celle d'un régiment. Le tout consiste à évaluer les distances qui doivent séparer les bataillons entre eux, et les compagnies entre elles : mesure simple, puisqu'on aura pour unité la distance qui doit exister entre chaque tirailleur.

---

n'aurait pas lieu s'ils se mettaient en marche la droite en tête.

Ces exercices variés formeront le coup-
d'œil des officiers, développeront l'intelligence de nos soldats, éclaireront leur
jugement, formeront leurs opinions militaires, et les habitueront à avoir du sang-
froid dans l'exécution de toutes ces manœuvres, où il est impossible qu'ils en con-
servent, si l'habitude ne les y a rompus.

L'intelligence d'un homme que la guerre
n'a point formé, et qui n'a été exercé que
comme une machine dans un peloton, ne
peut remplacer l'instruction spéciale du
tirailleur : instruction utile, et qui peut
suppléer à l'expérience qui coûte souvent
cher à acquérir.

§. XXV.

Application des principes du tir.

On attache trop peu d'importance à
faire connaître à nos soldats les principes
du tir de leur arme : je ne crois pas trop
avancer en disant que s'il y a dans nos

régimens quelques hommes qui les con-
naissent, le nombre en est infiniment
petit ; car, sauf de légères observations
qu'on leur fait une fois par an lorsqu'ils
brûlent leurs cartouches à balles, on ne
leur parle plus pendant tout le cours de
l'année d'un sujet si important. J'ajouterai
qu'on ne les exerce point à juger les distances relatives à la portée de leur arme ;
connaissance essentielle et qui devrait servir de base à l'application de ces principes.

Il serait à souhaiter qu'on eût la volonté
de familiariser ce soldat avec cette théorie : ensuite viendraient à l'appui les leçons de l'expérience. Mais il importerait
avant tout que les instructions qui nous
guident dans le tir du fusil d'infanterie ne
différassent ni dans leurs données ni dans
leurs principes, ou plutôt qu'il n'en exis-
tât qu'une, et qu'elle ne laissât rien à désirer. Cette instruction serait insérée dans
un de nos règlemens et déclarée la seule
en vigueur. Un extrait serait imprimé sur
le livret du soldat avec une figure de la ci-

ble, marquée de quelques numéros qui, en renvoyant à des notes, indiqueraient qu'à telle ou telle distance on doit viser à telle ou telle bande correspondante à telle partie du corps (1).

On se dispenserait de faire connaître aux soldats les principes du tir du fusil sans baïonnette.

On ne peut se permettre, lorsqu'on est devant l'ennemi, d'avoir la baïonnette dans le fourreau, à moins qu'on ne soit séparé de lui par une rivière, ou qu'on ne borde un rempart. Dans certaines circonstances cependant, nos tirailleurs en ont agi ainsi pour rendre leur arme plus légère. Il est dangereux de leur donner

______

(1) Ayant été détaché en 1825, avec mon bataillon, je fis afficher dans chaque chambrée un petit tableau tel que je l'indique : j'ordonnai qu'on en fît l'explication aux soldats, et qu'on exigeât qu'ils le connussent. En peu de jours tous furent capables de répondre aux questions que je leur fis faire sur le terrain, lorsqu'on les exerçait à juger des distances.

cette latitude : quand ils en profitent, beaucoup d'entre eux perdent leurs baïonnettes. Le soldat doit être toujours exercé à tirer avec son fusil tel qu'il est quand il combat ; s'il n'est habitué à le faire en tout temps, il n'a qu'une connaissance imparfaite de son arme.

Admettant qu'on soit fixé sur les principes du tir, il est indispensable de s'occuper, d'une manière sérieuse, d'apprendre au soldat à évaluer les distances qui sont en rapport avec la portée de son arme. L'expérience m'a prouvé qu'avec des soins l'on y parvenait facilement.

Effectivement, pendant les exercices particuliers que je faisais faire à mes voltigeurs, il m'arrivait souvent d'arrêter mon peloton, de faire sortir une file du rang, de questionner chacun des hommes de cette file sur l'évaluation de la distance qu'il y avait de lui à tel ou tel objet ; de leur demander ensuite, en admettant que les réponses faites à ces questions fussent justes, à combien ils devaient tirer au-dessus du but pour l'atteindre. Les ayant approuvés ou éclairés sur l'application qu'ils venaient de faire des principes du tir, dans ces circonstances supposées, j'ordonnai à ces voltigeurs de marcher vers les points dont ils avaient jugé l'éloignement. Arrivés à ces objets ils faisaient connaître à haute voix le nombre de pas qu'ils avaient faits.

Cette leçon était profitable pour tous mes autres voltigeurs qui avaient aussi porté leur jugement secret sur l'évaluation des distances et sur l'application des principes du tir.

Cette instruction, qui était rarement l'objet particulier d'un exercice, amusait mes voltigeurs, piquait leur curiosité, fixait leur attention, et leur devenait bientôt familière.

On demandera peut-être quelle application de ces principes il serait possible de faire en ligne.

Je répondrai qu'elle est au moins indispensable pour les voltigeurs, et très-utile et peu difficile pour les soldats, quand ils exécuteront le feu de deux rangs.

J'ajouterai que, si dans nos feux d'ensemble on attachait autant de prix à leur résultat qu'aux effets de détonation, et qu'on les envisageât comme une branche essentielle de l'instruction du soldat, on s'en servirait probablement en guerre plus souvent qu'on ne fait.

Mais il faudrait, pour que le feu d'ensemble devînt meurtrier, que le soldat pût, en l'exécutant, ajuster comme le prescrit la théorie, comme il le fait quand il tire à la cible, et comme il doit le faire dans le feu de deux rangs.

Pour que la chose devînt possible, il faudrait qu'il y eût plus d'intervalle entre les commandemens *joue* et FEU. Cette précipitation de commandemens, indispensable pour l'effet de la détonation, donne tout au plus au soldat le temps d'épauler, mais jamais celui d'ajuster, surtout quand il a devant lui un homme qui a le sac au dos.

Pour obvier à un inconvénient aussi grave, il serait nécessaire de laisser au soldat, après le commandement de *joue*, le temps de bien épauler et d'ajuster sans qu'il fût inquiété par l'attente du commandement de *feu*.

Le moyen d'arriver à ce but serait de faire précéder le commandement de *feu*, de celui d'avertissement *ajustez*. Je ne vois pas, au fait, pourquoi le commandement de *feu* n'en aurait pas un d'avertissement comme tous les autres commandemens d'exécution.

J'ai fait l'expérience que les soldats, après quelques jours de pratique, tirent avec plus d'ensemble au commandement de *feu*, fait après celui d'*ajustez* (qu'on prolonge comme celui de *redressez*, quand on veut faire relever les armes après avoir mis en joue), qu'ils ne le font au commandement de *feu* quand il n'est pas précédé d'un commandement d'avertissement.

On observera peut-être que le soldat

ne doit pas rester long-temps en joue, ce qui est vrai : mais il faut au moins lui donner le temps de bien épauler, de trouver place pour son arme dans le créneau qui est devant lui ; et, quand il est au troisième rang, d'assujétir le corps sur la partie de laquelle il a dû se fendre. Cette précaution semblera essentielle, surtout lorsque les feux ne seront pas horizontaux.

Le soldat qui est fatigué, qui est sur un terrain inégal ou mouillé, qui a le sac au dos, qui a un chef de file chargé, et dont le créneau n'est pas bien ouvert, met en joue lentement, malgré les succès obtenus dans les exercices ; souvent alors le commandement *feu* se fait lorsque son arme n'est pas encore horizontalement placée, et il tire trop haut : c'est probablement pour obvier à cet inconvénient reconnu, qu'on prescrit de baisser machinalement le bout du canon dans la position de joue.

Si l'on trouve un moyen de rendre ces

feux meurtriers et de conserver leur ensemble , pourquoi n'en ferait - on pas
usage ?

Je ne sais pour quel motif on paraît avoir
adopté l'idée que les feux d'ensemble ne
se font pas à la guerre. Il est cependant
vrai qu'on les a faits devant l'ennemi, et
que nos règlemens admettent les feux de
bataillon en avançant, en retraite, et les
feux de face dans les carrés , etc. En y
réfléchissant, on admettra qu'on les em-
ploierait plus souvent, si dans ces feux on
obtenait de la précision dans le tir ; et on
conviendra qu'ils sont indispensables dans
certaines circonstances. Appuyons cette
opinion d'une réflexion : lorsqu'une ligne
de pied ferme en attend une autre qui
marche sur elle, qu'elle veut faire feu sur
l'ennemi qui la charge, et marcher ensuite
à sa rencontre, certainement dans ce cas,
elle ne doit pas faire d'autre feu que celui d'ensemble ; car le feu de deux rangs
paraîtrait interminable , lorsque désirant
profiter du premier désordre , on voudrait

enlever spontanément sa troupe pour charger l'ennemi.

Quelles que soient les conclusions que l'on jugera à propos de tirer des réflexions que je me suis permises, du moins on ne pourra que m'approuver d'avoir cherché à attirer l'attention sur cette partie si essentielle et si négligée de l'instruction des tirailleurs : la justesse du tir.

§. XXVI.

Reconnaissances militaires (1).

Je ne crois pas m'écarter du cercle que je me suis tracé en me permettant de donner quelques conseils aux jeunes officiers sur la manière dont ils devront faire les reconnaissances et sur les formes habituelles qu'ils devront employer pour en rendre compte.

---

(1) Ce petit écrit sur les reconnaissances me fut demandé par M. le maréchal-de-camp vicomte de Berthier, pendant l'occupation des Pyrénées par notre armée.

Il y a deux sortes de reconnaissances; l'une, qu'on appelle grande reconnaissance et qui est du domaine de l'officier supérieur, a pour objet de refouler les avant-postes de l'ennemi sur ses grand'gardes; d'attaquer celles-ci, de les forcer à un mouvement rétrograde, de jeter l'alarme dans son camp, de prendre position pour le déterminer à déployer ses forces, de chercher à les juger, à reconnaître ses dispositions et les localités du terrain qu'il occupe.

L'autre, beaucoup moins importante, et dont la conduite est confiée ordinairement à un officier d'un grade peu élevé, et même à un sous-officier, a pour but de reconnaître militairement un terrain désigné. C'est de cette dernière reconnaissance que je vais parler ici.

La première précaution qu'un officier doit prendre avant d'aller en reconnaissance, est de consulter la carte du pays, s'il se peut, et de questionner quelques anciens habitans sur l'existence des chemins, leurs tenans et aboutissans, leurs noms, leur nature, leur état et leur distance de son point de départ.

Il doit également s'informer de la situation des villages, hameaux, ruisseaux, bois, plaines, montagnes, etc., qui pourraient se trouver sur son passage.

Il prendra note de ces renseignemens, et écrira avec soin les noms des lieux. Il donnera ensuite ses instructions à sa troupe, et procèdera immédiatement à l'ordre de sa marche.

Selon la nature des lieux qui seront plus ou moins couverts, et dont l'accès sera plus ou moins facile, l'officier fera éclairer son petit détachement en tête ou en tête et en flanc en même temps.

En traversant les bois, il aura toujours soin, outre ces précautions, de faire couvrir les derrières de sa troupe par deux hommes, et de rapprocher les éclaireurs de son détachement, pour éviter qu'ils ne s'égarent, et pour être à même de communiquer plus facilement avec eux.

S'il passe au pied d'une montagne qu'on puisse gravir sans y employer trop de temps, il y enverra un ou deux de ses éclaireurs, qui, parvenus au sommet, observeront attentivement, en se mettant le moins possible en vue, le revers de la montagne et le terrain qui se trouvera au-delà.

S'il rencontre un lieu coupé de haies, de buissons ou masqué par les inégalités du sol, il fera fouiller le terrain avant d'y pénétrer ; précaution bien essentielle pour la sûreté du détachement. La première guerre d'Espagne pourrait nous offrir de nombreux exemples à l'appui de cette recommandation.

S'il doit traverser un village, plusieurs éclaireurs l'y précèderont, et ceux-ci, en s'échelonnant de quinze à quarante pas, selon les sinuosités des rues, questionneront les paysans, entreront dans les granges, églises ou maisons principales, sans s'y arrêter, et toujours l'un après l'autre ; ils se porteront ensuite au-delà du village, à l'entrée des principaux chemins, ou sur un monticule d'où leur vue puisse les dominer. Un ou deux hommes, laissés en observation au dehors du village, et à la vue du détachement, lui feront connaître les mouvemens qu'ils pourraient y remarquer, tandis que les autres éclaireurs le tourneront sur ses flancs. Après le temps présumé nécessaire aux éclaireurs pour traverser le village, si le chef du détachement n'entendait aucun bruit, il y entrerait, et les deux hommes, restés en dehors, y précèderaient le détachement en s'échelonnant.

S'il rencontre un défilé, il fera gravir par quelques éclaireurs les hauteurs qui le dominent, et ne s'y engagera qu'après s'y être fait précéder par deux hommes qui marcheront à cinquante ou soixante pas l'un de l'autre, afin que si le premier tombe dans une embuscade ou rencontre l'ennemi, le second puisse avertir promptement le détachement. Dans tous les cas, les éclaireurs surpris par l'ennemi, et qui ne pourraient pas retourner vers le détachement, lui feraient connaître le danger par un coup de fusil : les mêmes précautions seront prises pour éclairer les derrières du détachement, lorsqu'il entrera dans le défilé.

La distance qui doit séparer les éclaireurs de la troupe à laquelle ils appartiennent, est ordinairement de deux à cinq cents pas ; cette distance doit varier selon les localités ; mais il faut qu'ils soient toujours à portée d'être vus ou entendus de la troupe qu'ils éclairent.

Si les éclaireurs devaient s'éloigner beaucoup de leur détachement pour fouiller le terrain, plusieurs hommes seraient envoyés dans la même direction qu'eux, à une distance qui leur permît de faire parvenir à la troupe les signaux qui leur seraient donnés par les éclaireurs avancés. Si, au bout d'un certain temps, ces derniers ne reparaissaient pas, le peloton s'arrêterait, et son chef enverrait aux informations. Ceci est particulièrement ap-

6

plicable à un détachement parti en découverte pour fouiller un terrain : une
patrouille doit se borner à s'éclairer dans
sa marche.

Si les éclaireurs apercevaient l'ennemi,
ils se placeraient de manière à ne pas en
être vus, et chercheraient à juger sa force,
la composition de ses armes, et la direction
de sa marche ; ils viendraient ensuite en
rendre compte au commandant du détachement, qui irait lui-même s'assurer de
l'état des choses.

La détermination à prendre ultérieure-
ment dépendrait des ordres que ce commandant aurait reçus, ainsi que de la
force de l'ennemi et de la facilité que les
localités offriraient de lui tendre des embûches : ou le commandant l'épierait sans
se faire connaître, ou il l'attaquerait fran-
chement s'il se trouvait en force, ou enfin
il y mettrait de la ruse, si le terrain lui
permettait de le surprendre.

Si l'on ne se bornait pas à épier l'ennemi, c'est que, sans doute, on aurait

reçu l'ordre de saisir l'occasion de lui faire quelques prisonniers pour avoir des renseignemens.

On conçoit qu'un chef de détachement qui n'omettra aucune de ces précautions ne sera pas facilement surpris par l'ennemi, et aura le temps de délibérer sur le parti à prendre, s'il le rencontre.

Cependant, s'il se trouvait surpris et attaqué inopinément par un ennemi à qui il eût tenté vainement de résister, il disperserait aussitôt la presque totalité de sa troupe en tirailleurs, en lui indiquant un point de ralliement sur les derrières.

Si, dans le pays où on fait la guerre, les habitans nous sont contraires, et se montrent disposés à prendre les armes, le chef du détachement aura soin d'éviter, dans son mouvement rétrograde, de traverser les villages et les hameaux; il devra parcourir les lieux couverts qui pourraient faire craindre à l'ennemi qu'on ne lui tendît des embûches. Si, au contraire, on a confiance dans les habitans, on considérera les villages comme des points essentiels à traverser. Enfin, en cas d'une poursuite opiniâtre de la part d'un ennemi très-supérieur en force, les hommes, en se divisant, chercheront à regagner isolément les avant-postes de la troupe dont ils auront été détachés, afin de pouvoir lui faire part du danger.

Les reconnaissances ont quelquefois le double but de reconnaître le terrain, et de donner des nouvelles de l'ennemi. Celles qui ne regardent que ce dernier objet prennent ordinairement le nom de découvertes : la découverte peut aussi avoir uniquement pour but de s'assurer, en franchissant la ligne des postes, s'il n'y a rien de nouveau sur tel ou tel terrain. Je crois qu'on peut considérer la patrouille comme différant de la reconnaissance ou de la découverte, en ce qu'on doit l'assimiler à un poste volant, qui forme la chaîne entre les différens postes d'une ligne, et qui les oblige à une surveillance active, à laquelle elle ajoute encore.

Il va de l'honneur d'un chef de détachement de prendre toutes les précautions
qui peuvent lui assurer le succès de son
entreprise, et l'empêcher de tomber dans
les embûches de l'ennemi.

Il doit également s'appliquer à mettre
une grande exactitude dans l'exposé des
faits dont il rendra compte ; car s'il était
léger dans ses rapports, et qu'il y annon-
çât comme positif ce qui ne serait de sa
part qu'une supposition hasardée, il pourrait en résulter de fâcheuses conséquences.

Il lui importe aussi de se faire bien ex-
pliquer l'objet de sa mission, c'est-à-dire
s'il doit seulement épier l'ennemi sans
se découvrir à lui, et éviter de le combattre ; ou si, au contraire, il doit profiter
des occasions pour lui faire des prisonniers ; enfin si son devoir est de se borner simplement à pénétrer avec précaution dans un pays, pour en faire la reconnaissance topographique.

Dans ce dernier cas, guidé par les renseignemens qu'on lui aura prescrit de

prendre avant de se mettre en route, il fera l'itinéraire du terrain qu'il parcourt.

A ces principes qui sont tous applicables aux reconnaissances *militaires*, je joindrai un exemple de reconnaissance topographique, qui indiquera les formes à employer pour décrire utilement les lieux.

Vallée de S...., Pyrénées. Reconnaissance partie du bourg N *et dirigée sur le village* R.

En partant du bourg *N*, on parcourt une route droite, large de six pas, et tracée sur un terrain plat. A gauche de cette route et à la distance d'une demi-portée de fusil se trouve un bois très-fourré, qui a mille à douze cents pas de largeur ; un petit sentier le traverse à une demi-lieue du point de départ, fuit et disparaît à travers des champs coupés de fossés.

Une haie vive et fort épaisse borde la route sur la droite, et masque une prairie couverte çà et là de grandes flaques d'eau.

Après avoir marché trois quarts de lieue, on arrive au bourg *M* qui est composé de cent douze maisons en pierres, dont la moitié à peu près est située sur le plateau d'une colline au pied de laquelle passe la principale rue.

La route en entrant dans le bourg *M* se divise en deux rues, l'une va droit, l'autre tourne à gauche, conduit à un pont de pierres de sept pieds de largeur et tourne ensuite à droite; chacune de ces deux rues aboutit à une grande route.

En sortant du bourg *M* on entre par les deux routes dans une vallée de mille à dix-huit cents pas de largeur, le gave *S* la divise dans sa longueur, et coule parallèlement aux deux routes qu'il sépare. La largeur de cette rivière est de trente à quarante pas : ses berges sont fort escarpées, et la plénitude de ses eaux empêche de juger si elle est guéable ou non.

La vallée est coupée de haies et de fossés, elle est bornée à sa droite par des montagnes peu élevées, d'une pente douce et d'une nature terreuse ; à sa gauche, elle a pour limites des collines cultivées, que dominent des montagnes élevées, sur les flancs desquelles on aperçoit trois petits sentiers.

Le premier conduit au hameau *B* situé sur le revers de la montagne ; le second mène à un chemin qui est de l'autre côté de la montagne, et qui, tracé parallèlement à sa base, conduit du moulin *K* au village *T*.

Je n'ai pu avoir de renseignemens sur le troisième sentier.

A la gauche de la vallée, les montagnes perdent successivement de leur élévation, et finissent par se fondre avec les collines sur lesquelles se trouvent épars çà et là de grands arbres et quelques maisons isolées.

A droite, les collines s'aplanissent aussi, et sont liées entre elles par de fréquens vallons.

Peu à peu, le terrain reprend sa vigueur, les collines se multiplient, s'élèvent en

amphithéâtre et se joignent à d'autres montagnes qui, se présentant transversale-
ment, obligent le gave S à tourner à
gauche, et la vallée à former un coude,
pour se continuer dans la direction de la
rivière qui l'arrose.

Après avoir marché une lieue dans
cette vallée, et être arrivé au point où elle
change de direction, la route de droite
remonte et traverse le village C, consis-
tant en cinquante maisons (bâties en
pierres), au milieu desquelles se trouvent
sur le bord du chemin une église et un
cimetière bien entouré de murs.

La route de gauche conduit au village
V, composé de soixante-dix maisons,
dont la plupart ont leurs jardins qui sont
enfermés de petits murs de quatre pieds de
hauteur. La route s'y trouve dominée par
une colline sur laquelle sont plusieurs
maisons. Le village est en partie masqué
par de grands arbres jetés çà et là par
bouquets.

Au bout de ce village et sur sa droite,

est un chemin perpendiculaire à la grande
route et qui conduit à un pont en bois,
qui est le moyen de communication entre
les deux villages et les deux grandes
routes.

Ce chemin ne peut être praticable pour
l'artillerie sans réparations (l'eau y sé-
journe). Le pont, dont les bases sont so-
lides, est tout à jour ; il a dix pieds de largeur et trente pas de longueur. La route
de droite en sortant du village V se divise en deux chemins : l'un tourne à droite,
traverse et évite les collines du coude de
la vallée, et conduit au bourg E. L'autre,
tournant un peu à gauche, suit la base
de la montagne, gagne ses flancs, rencontre une colline, la franchit et arrive
au village H.

La route de gauche, en sortant du village V, est dominée quelque temps, à
demi-portée de canon, par des élévations
irrégulières, couvertes de broussailles,
de taillis et de grands arbres. A sa droite
il y a des champs et des prairies que limite

le gave *S* à six cents pas de la route. Il n'y a, sur ce terrain, ni haie, ni fossé.

Quand on a marché une demi-lieue, on rencontre à gauche un chemin appelé *T*, qui a la voie des voitures du pays ; il conduit au hameau *P*, qui est à trois quarts de lieue de là ; après avoir passé ce chemin, la route monte pendant un quart de lieue, et arrive enfin au village *R*, terme de la reconnaissance.

Ce village est composé de trente maisons, dont quatre seulement sont en pierres. La rue, qui est la continuation de la route, est fort mauvaise, et n'a que six pieds de largeur.

En sortant du village, on aperçoit à gauche des montagnes et à droite une plaine, au milieu de laquelle coule le gave.

La route se divise ensuite, et conduit au bourg *H* et au hameau *F*.

EXPLICATION DES PLANCHES.

PLANCHE PREMIÈRE.

FIGURE 1re,

Représente un peloton de voltigeurs se déployant par files. (*Voyez* §. 4, page 13.)

On voit déjà une partie du peloton déployé par files. Deux sous-officiers suivent le mouvement du déploiement ; celui qui est du côté du troisième rang est occupé à rectifier le mouvement d'une file, tandis que l'autre marche à côté de la file qui est la première à s'arrêter.

FIGURE 2,

Représente un peloton de voltigeurs qui s'est d'abord déployé par files qui se sont elles-mêmes déployées par hommes. (*Voyez* §. 4, page 16.)

On voit qu'après le déploiement par files, les hommes du second et du troisième rangs se sont portés sur l'alignement et à la gauche des hommes du premier rang de leurs files respectives.

FIGURE 3,

Représente le peloton se déployant par les deux ailes, sur une file du centre. (*Voyez* §. 4, page 17.)

Au commandement *marche*, le peloton a fait par le flanc droit et par le flanc gauche, pour se déployer sur la file, base du déploiement que l'officier a désignée au peloton, en se portant vers elle.

(133)

PLANCHE DEUXIEME.

CETTE FIGURE

Représente une compagnie de voltigeurs disposée sur
deux lignes pour garantir un bataillon de l'attaque des tirailleurs d'infanterie. (*Voy.* §. 7, p. 35.)

On voit que cette compagnie s'est portée diagonalement en avant et vers le milieu de la ligne de
bataille; et que pendant cette marche elle a rompu
par sections. On voit que les deux sections se sont
déployées parallèlement sur la file qui est à leur
centre, et qu'ensuite chacune d'elles s'est portée en
avant, pour prendre position sur le terrain où l'une
doit combattre, et l'autre observer.

PLANCHE TROISIÈME.

CETTE FIGURE

Représente une compagnie de voltigeurs qui est en présence de tirailleurs de cavalerie. (*Voyez* §. 7, pag. 48.)

On voit que le peloton de voltigeurs s'est formé en section et s'est porté à une soixantaine de pas en avant du centre du bataillon.

La première section s'est déployée en tirailleurs, sur une ligne, et a marché à peu près quarante pas en avant, après son déploiement.

La seconde section s'est divisée en trois petits pelotons; celui du centre est resté sur l'emplacement où il s'est arrêté, ceux de droite et de gauche se sont portés un peu en avant, à droite et à gauche, de manière à être vis-à-vis le centre de leur demi-bataillon. Ces trois réserves sont en triangle.

PLANCHE QUATRIEME.

CETTE FIGURE

Représente une compagnie de voltigeurs passant de l'ordre établi pour combattre des tirailleurs d'infanterie, à celui indiqué pour combattre des tirailleurs de cavalerie. (*Voyez* §. 8, page 53.)

On voit les deux lignes faisant leur mouvement rétrograde pour se rapprocher du bataillon. La deuxième se réunit en sections de réserve, qui continuent leur mouvement jusqu'à ce qu'elles soient assez rapprochées du bataillon pour être sous sa protection immédiate.

Les tirailleurs de la première ligne se rapprochent des sections de réserve et s'arrêtent lorsqu'ils sont arrivés à la distance de quarante pas qui doit les séparer de ces petits pelotons.

PLANCHE CINQUIÈME.

CETTE FIGURE

Représente une compagnie de voltigeurs passant de l'ordre établi pour combattre des cavaliers épars en fourrageurs, à celui indiqué pour combattre des tirailleurs d'infanterie. (*Voyez* §. 9, p. 55.)

On voit que la première ligne s'est portée en avant, et que les petites réserves, formées de la deuxième section, se sont déployées pour former la seconde ligne, qui s'est ensuite portée sur le terrain où elle doit observer.

PLANCHE SIXIÈME.

CETTE FIGURE

Représente des tirailleurs en action relevés par des tirailleurs de seconde ligne ou réserve. (*Voyez* §. 10, page 56.)

On juge que les tirailleurs en action ont raccordé leur alignement, à la sonnerie de relever les tirailleurs, et on voit qu'à cette sonnerie la seconde ligne s'est portée en avant, a dépassé de dix pas, avant de s'arrêter, la ligne combattante ; et que celle-ci, immédiatement après avoir été dépassée par la première ligne, est venue en seconde ligne, sur l'emplacement qui lui a été déterminé par quelques sous-officiers ou caporaux, qui sont restés quelque temps de pied ferme, après le départ de la ligne de réserve dont ils font partie.

PLANCHE SEPTIÈME.

FIGURE 1re,

Représente une compagnie de voltigeurs qui s'est formée en cercle sur trois rangs, pour résister à une
attaque de cavalerie. (*Voyez* §. 12, page 62.)

On voit que chaque ligne s'est agglomérée sur
son centre et que les sections, en marchant à la rencontre l'une de l'autre, ont formé le peloton qui a
pris une disposition circulaire.

FIGURE 2,

Représente une compagnie de voltigeurs formée et
divisée en deux sections, qui se sont agroupées
circulairement. (*Voyez* §. 12, page 63.)

On voit que les voltigeurs de chaque ligne se sont
réunis à droite et à gauche en dehors de leur bataillon, et que ces petits groupes correspondans
ont marché à la rencontre les uns des autres, pour
se former circulairement en deux sections.

FIGURE 3,

Représente des voltigeurs réunis en petits groupes
composés de quelques hommes chacun. (*Voyez*
§. 12, page 66.)

On juge que les voltigeurs n'ont pas eu le temps
de se former, comme on suppose qu'ils ont pu le
faire dans les cas précédens; et on voit qu'ils se sont
réunis par petits groupes de quelques hommes seulement, et qu'ils ont profité des accidens du terrain,
pour ajouter à leurs moyens de défense.

PLANCHE HUITIÈME,

Représente l'attaque d'une batterie par des voltigeurs. (*Voyez* §. 14, page 69.)

On voit que les tirailleurs, en formant une ligne
demi-circulaire autour des pièces, sont à peu près à
égale portée du but qu'ils veulent atteindre.

Le chef des tirailleurs a eu la précaution, avant
de les porter en avant, de les déployer à une bonne
distance des pièces, et de manière qu'ils ne fussent
pas dans la direction de leur feu.

La première section s'est déployée par le flanc
droit, et la seconde par le flanc gauche.

———————

PLANCHE NEUVIÈME,

Cette figure représente un bataillon déployé en tirailleurs. (*Voyez* §. 21, page 94.)

On juge, dans cet exemple, que le bataillon qui
doit se répandre en tirailleurs a été porté en colonne serrée sur le terrain où il doit se déployer; on
voit que chaque peloton, en prenant la distance qui
lui est nécessaire pour effectuer son déploiement,
s'est formé sur trois sections, que les premières et
les deuxièmes sections se sont déployées parallèlement, et que les troisièmes sont restées de pied
ferme sur trois rangs.

Après ce déploiement, la première ligne composée des premières sections s'est portée à la sonnerie
d'*en avant*, sur le terrain où elle doit combattre,
et la seconde s'est mise en marche au même signal,
qui a été répété lorsque la première a eu parcouru
la moitié de la distance qui doit la séparer des réserves formées par les troisièmes sections qui sont
restées de pied ferme.

L'une et l'autre de ces lignes ont été arrêtées en
même temps par la sonnerie *halte*.

Observations.

Si l'on n'avait voulu former les tirailleurs que sur
deux lignes seulement, les pelotons, en prenant leur
distance, ne se fussent formés que sur deux sections. (§. 7.)

Si l'on n'avait voulu former qu'une seule ligne,
les pelotons ne se fussent conséquemment point
ployés en sections, en se portant sur le point qu'ils
auraient dû occuper avant de se déployer.

(141)

PLANCHE DIXIÈME,

Représente plusieurs compagnies qui, répandues en tirailleurs, ont pris différentes dispositions pour résister à la cavalerie. (*Voyez* §. 24, page 102; et consultez pour le détail les différentes suppositions du §. 12.)

On voit que la compagnie *A*, qui est à la gauche de la ligne, s'est formée circulairement, et que la compagnie *B* qui l'avoisine s'est formée sur deux sections, disposition qui est préférée quand elle peut être motivée par un obstacle, cas qui se présente ici; en effet, si les voltigeurs étaient tournés par la cavalerie, leurs deux sections, en faisant demi-tour, se trouveraient avoir le dos tourné au buisson qui protége maintenant leur front.

La compagnie *C*, après avoir formé ses lignes en sections, ne les a point réunies pour former un seul peloton, chacune d'elles s'étant mise sous la protection d'un accident du terrain.

Les voltigeurs en action de la compagnie *D*, n'ayant pas eu le temps de se réunir en pelotons, se sont formés par petits groupes de quelques hommes chacun. La seconde ligne de cette compagnie s'est formée en section pour se porter où besoin sera.

La seconde ligne de la compagnie *E*, qui pénètre dans un bois, a été réunie en trois petites sections qui se sont rapprochées des tirailleurs en action, conformément à ce qui a été prescrit dans le §. 7, page 47. Le danger dans lequel se trouve la compagnie *D* va déterminer le chef de la compagnie *E* à porter ses réserves en tirailleurs sur la lisière du bois.

La compagnie *F* n'a eu aucun motif de changer l'ordre dans lequel elle combat.

TABLE.

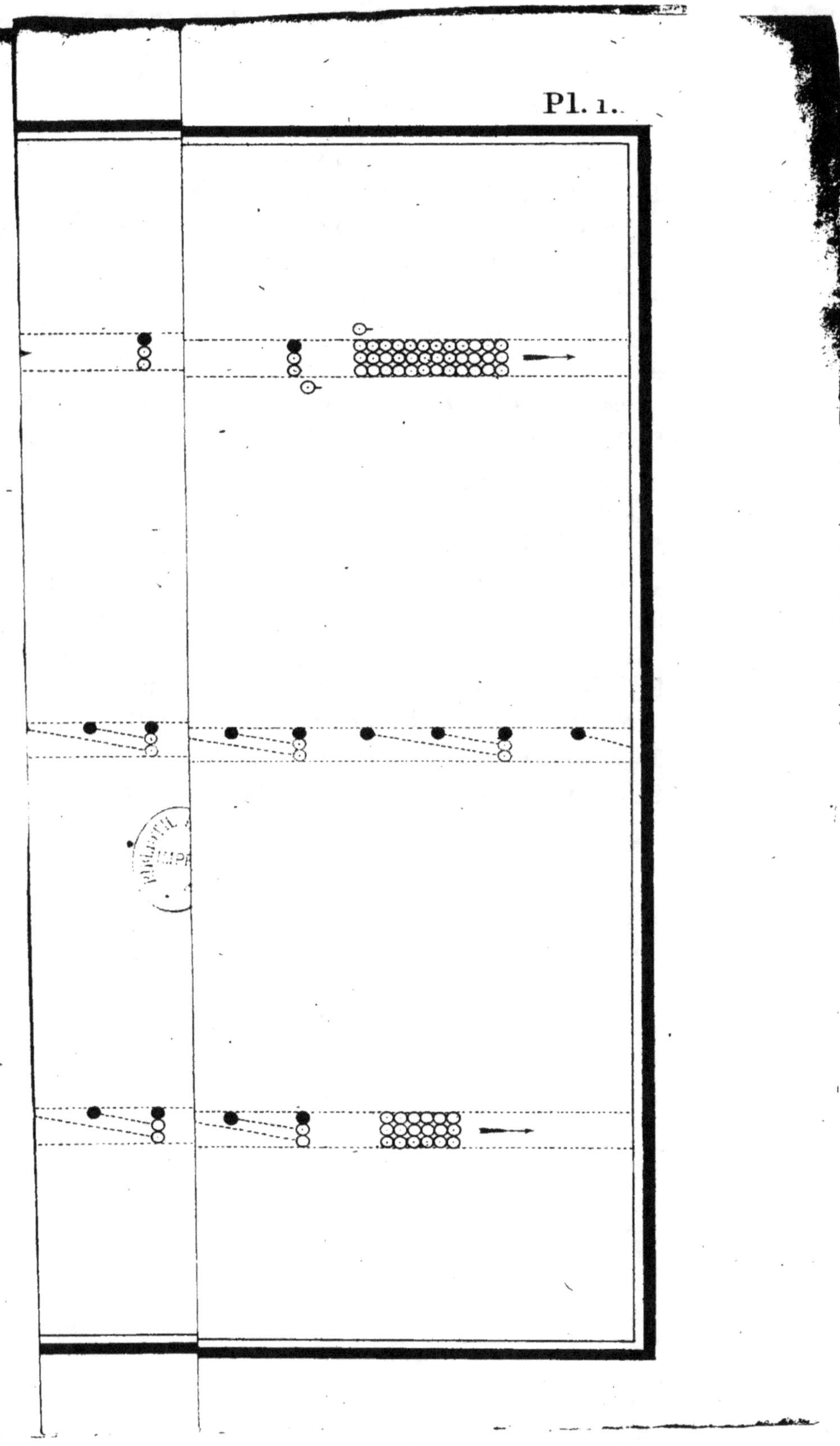
Pl. 1.

FIN DE LA TABLE.

IMPRIMERIE DE DEMONVILLE,
rue Christine, n° 2.

Pl. 1.

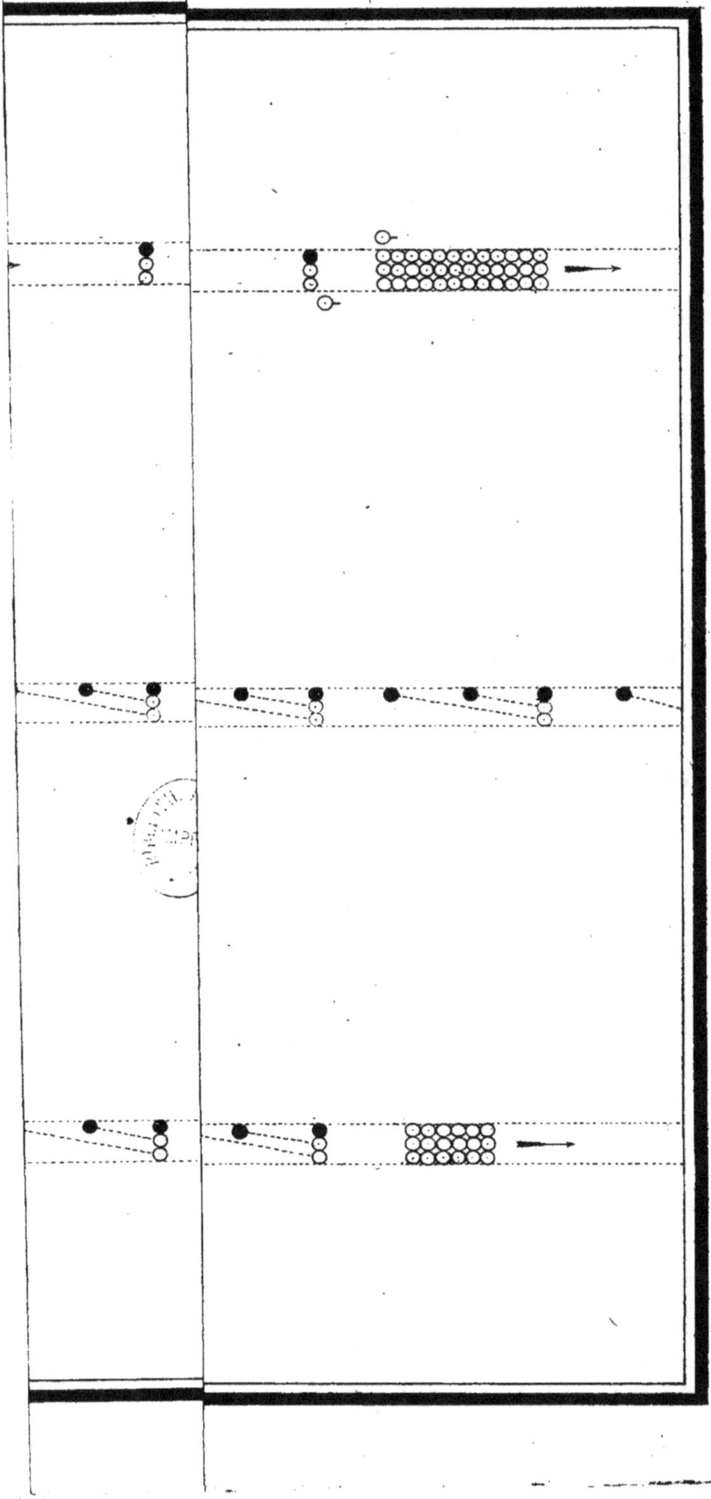

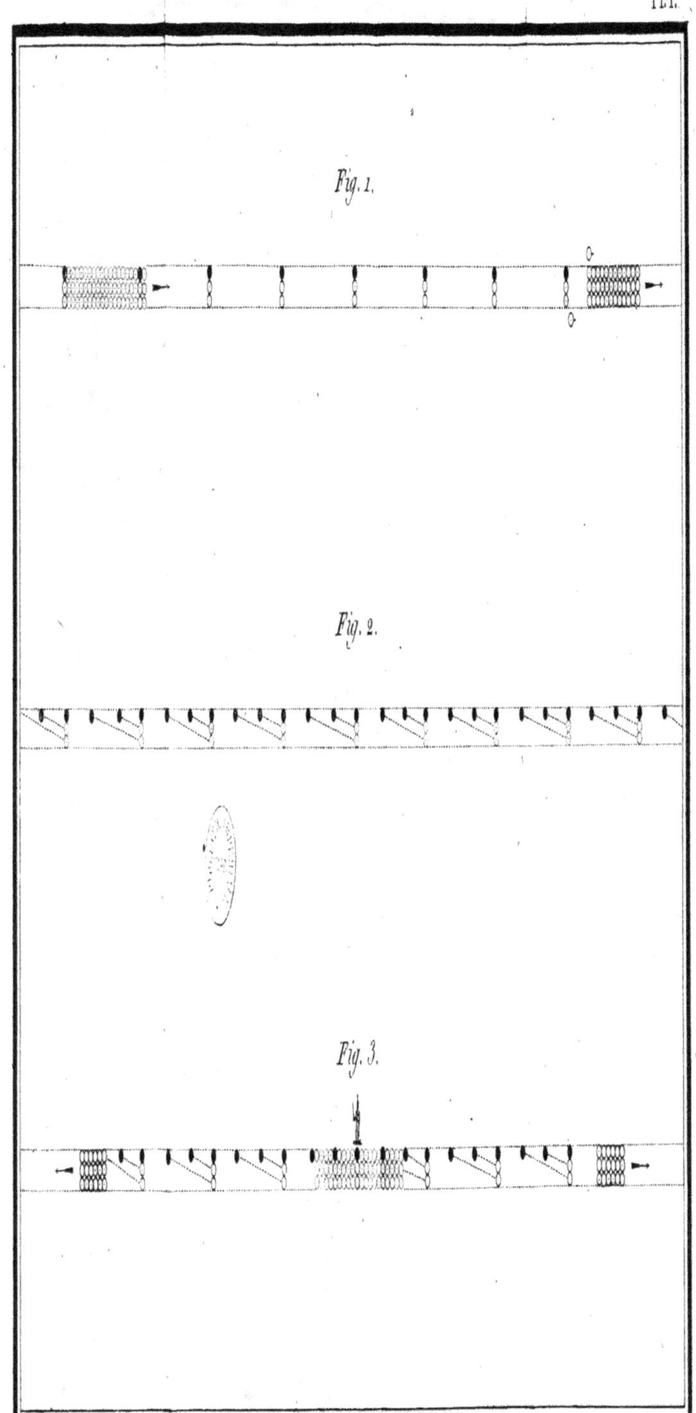

Fig. 1.

Fig. 2.

Fig. 3.

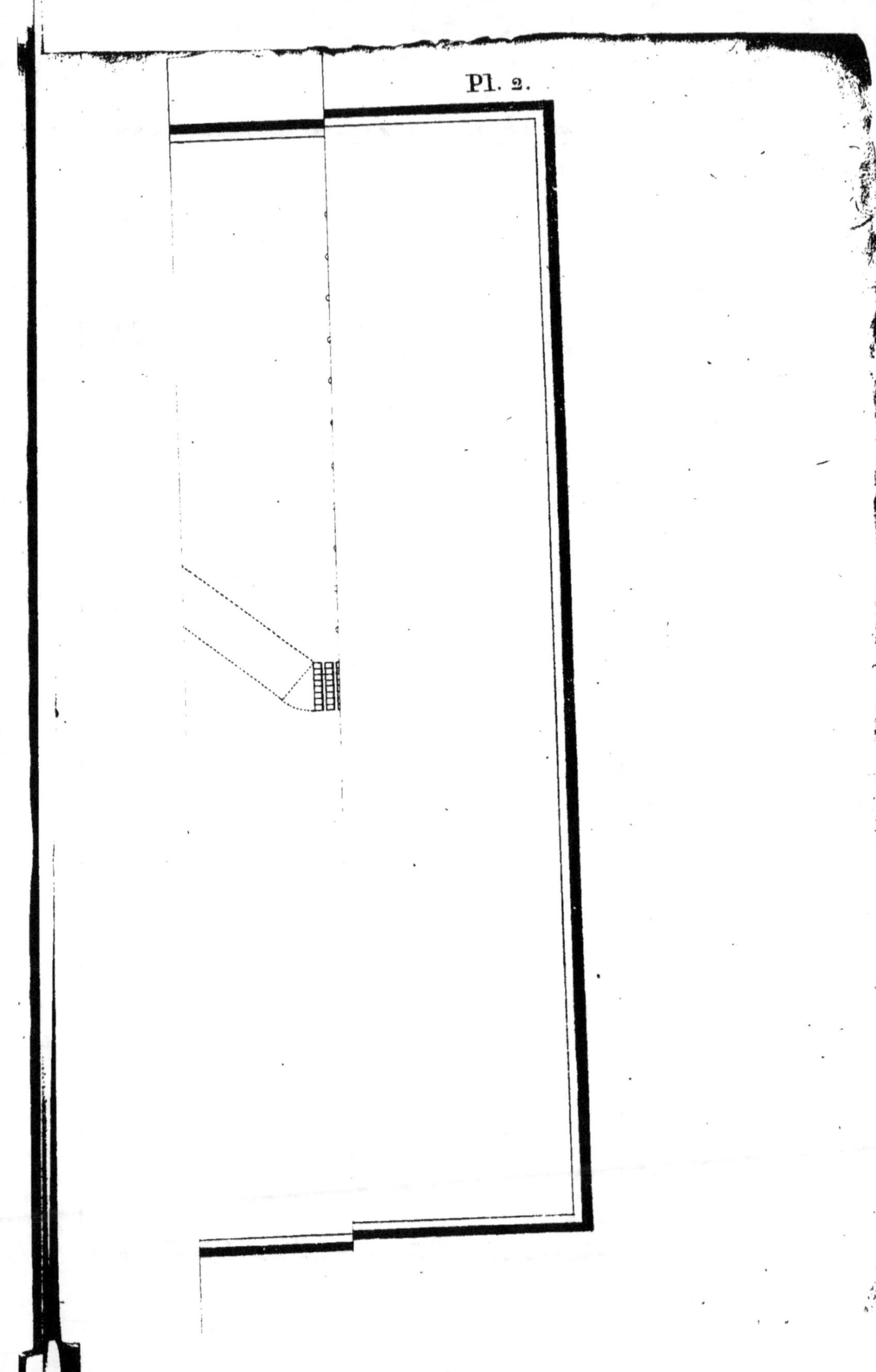
Pl. 2.

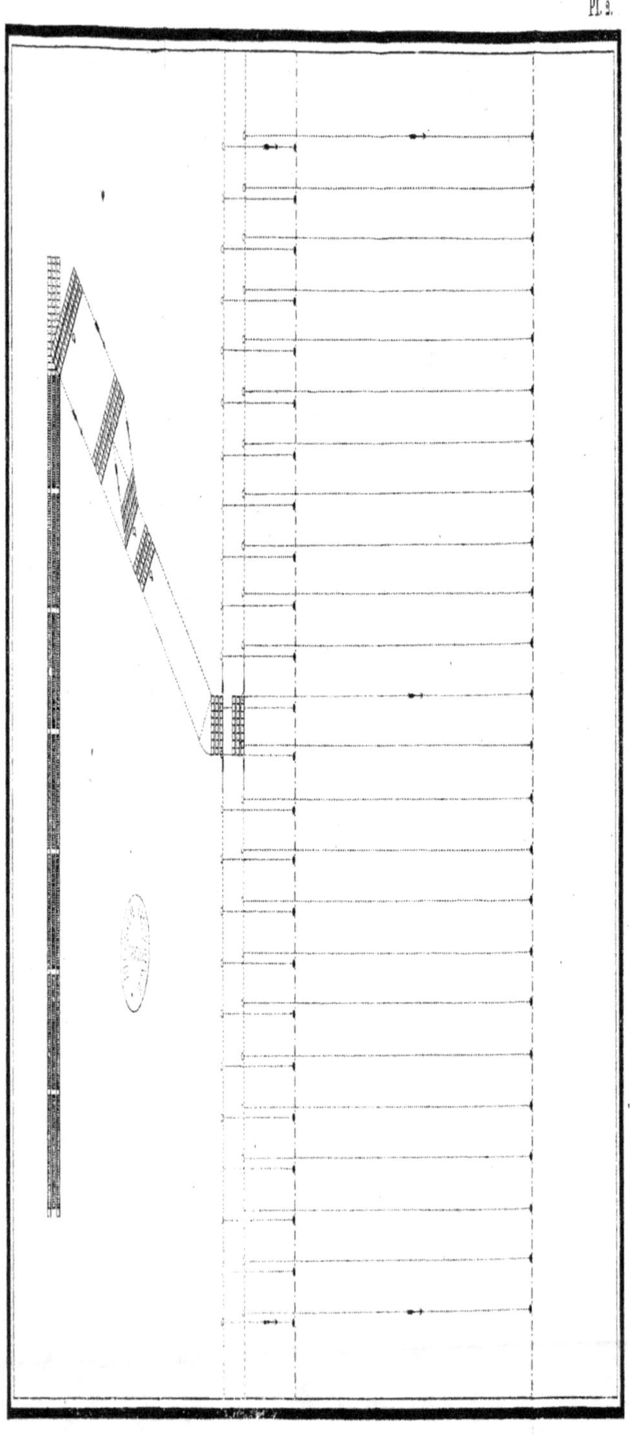

Pl . 3.

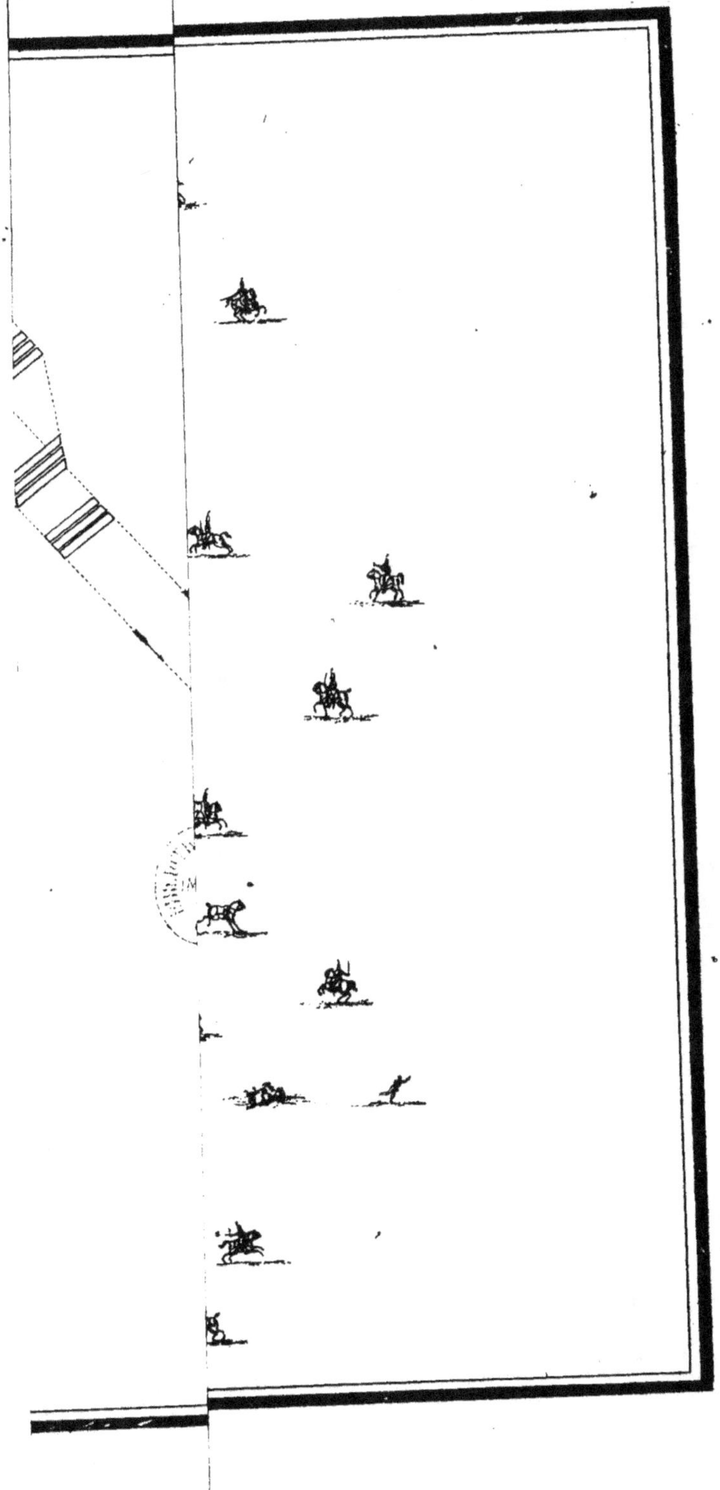

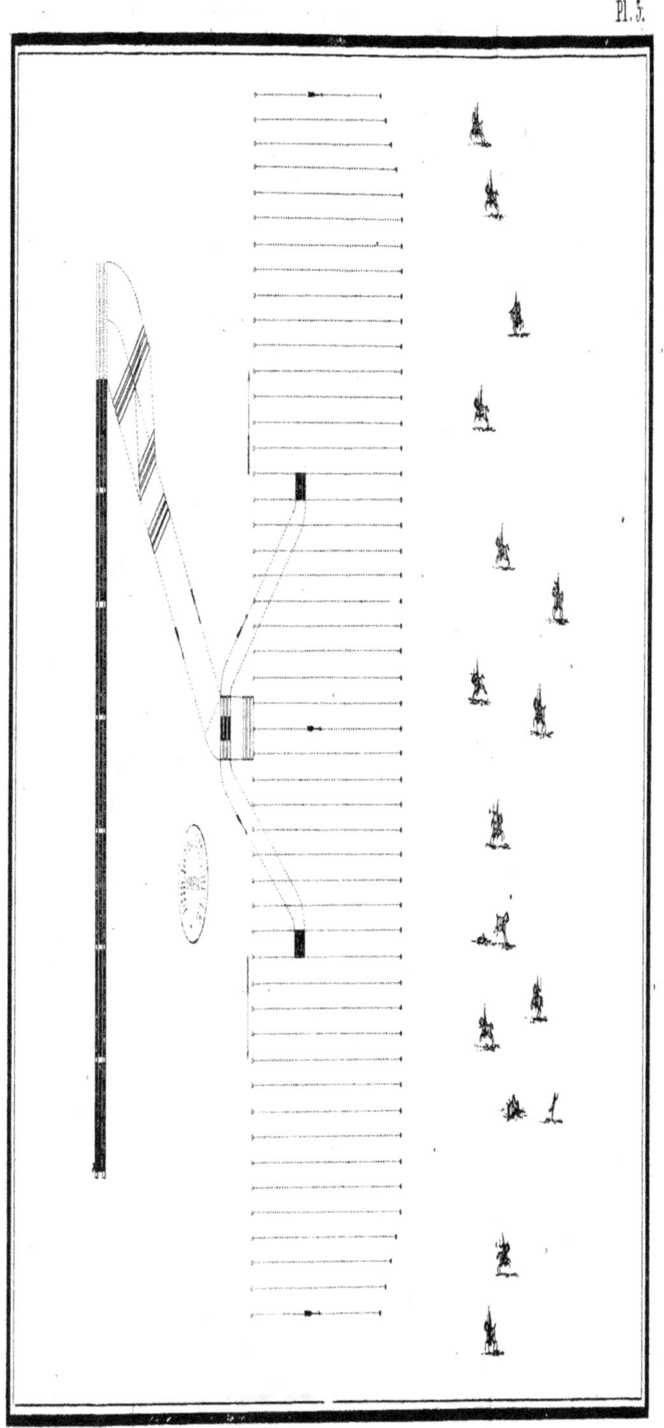

Pl. 4.

Pl. 4.

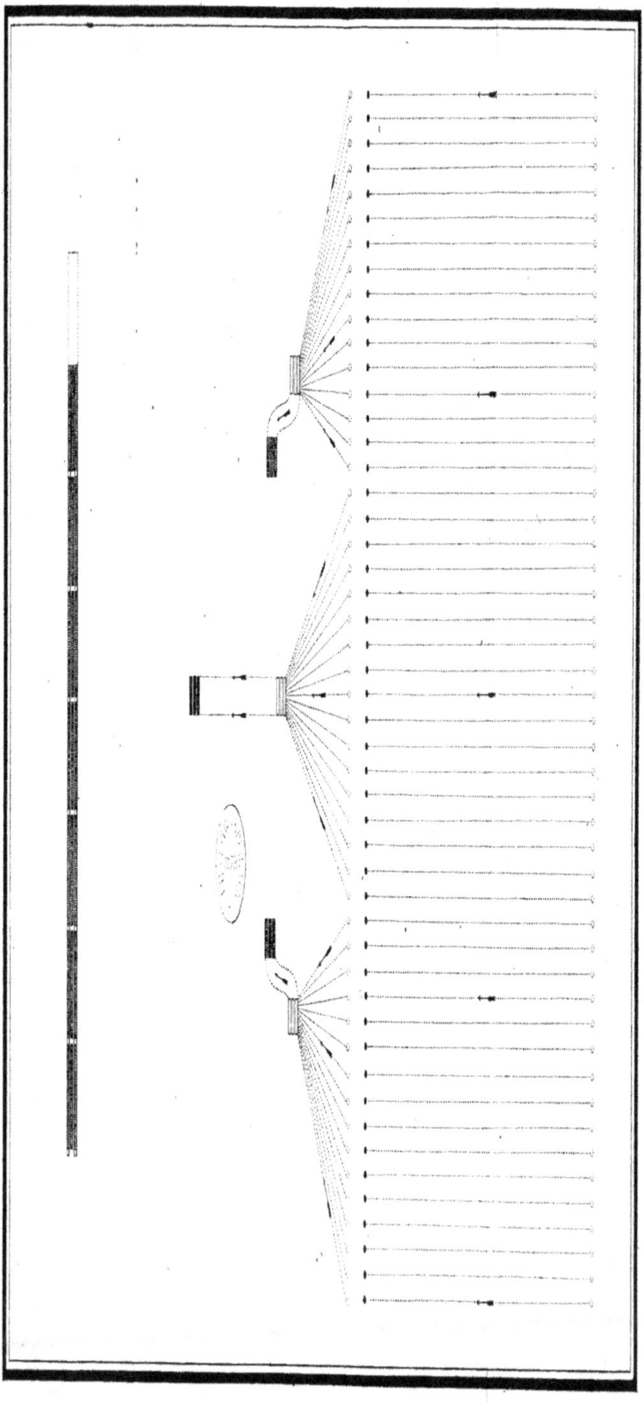

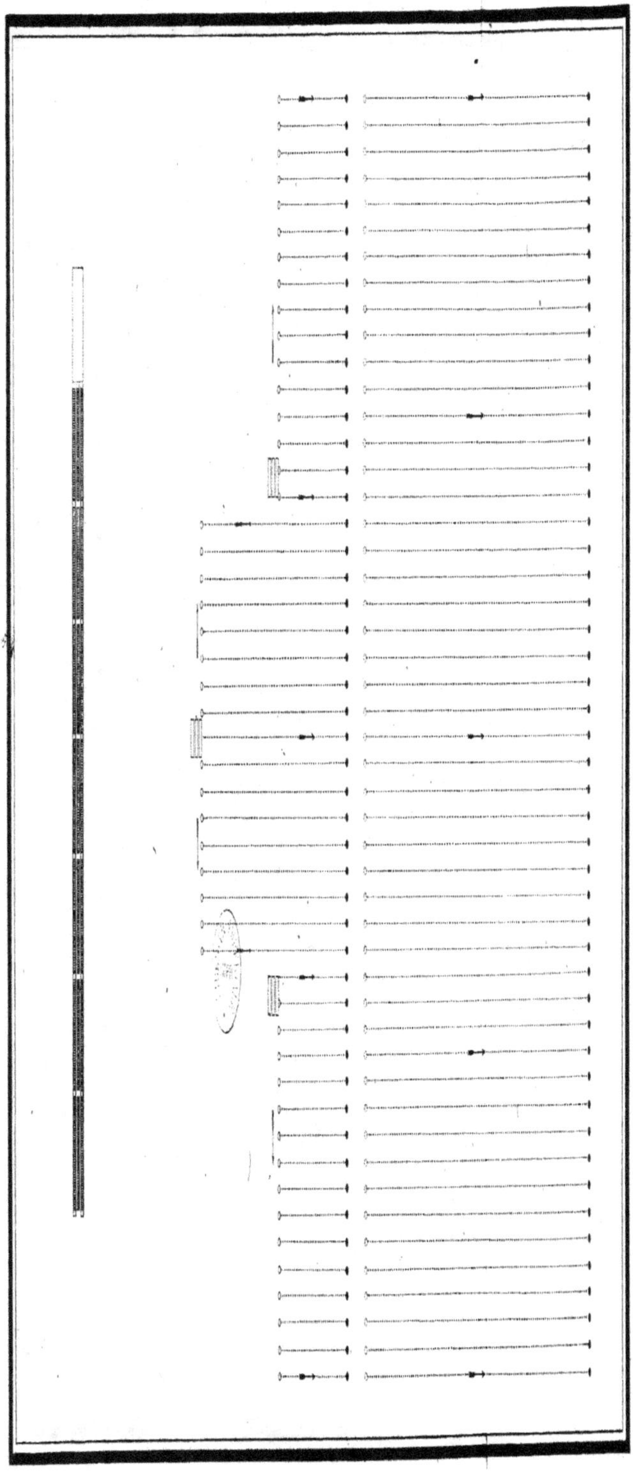

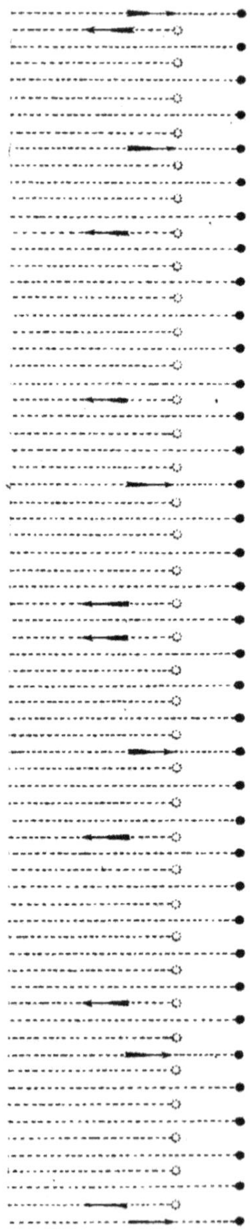

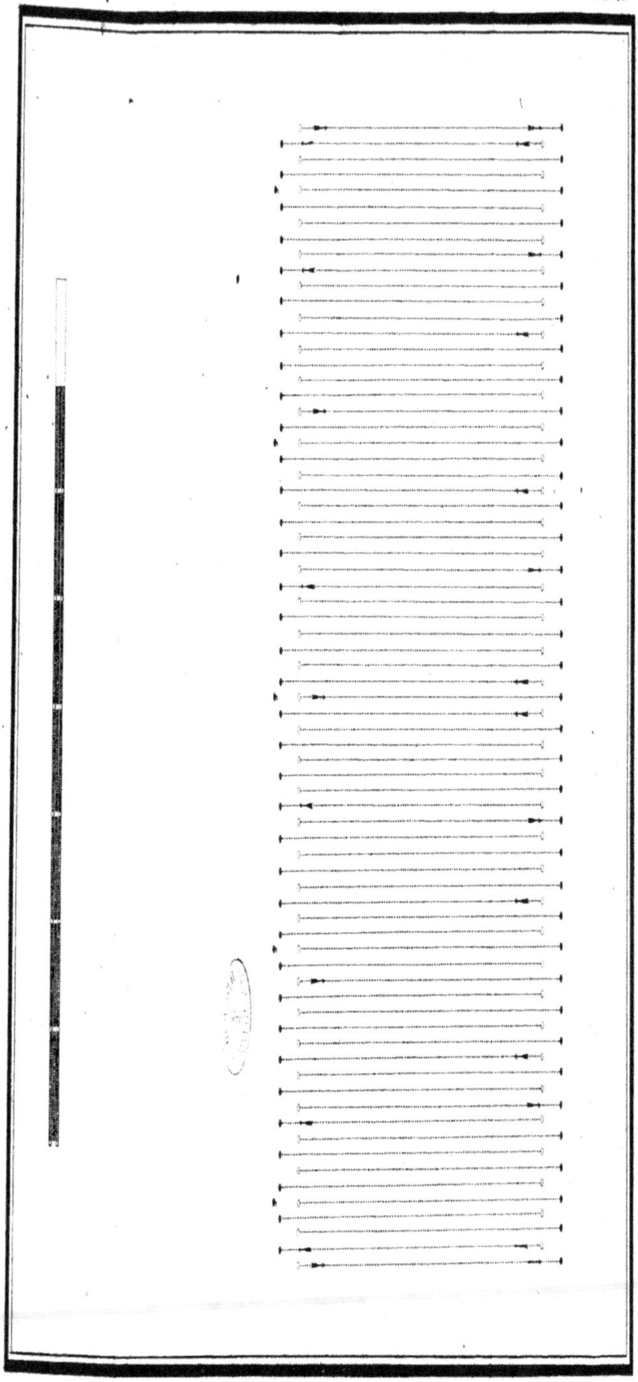

Fig. 1.

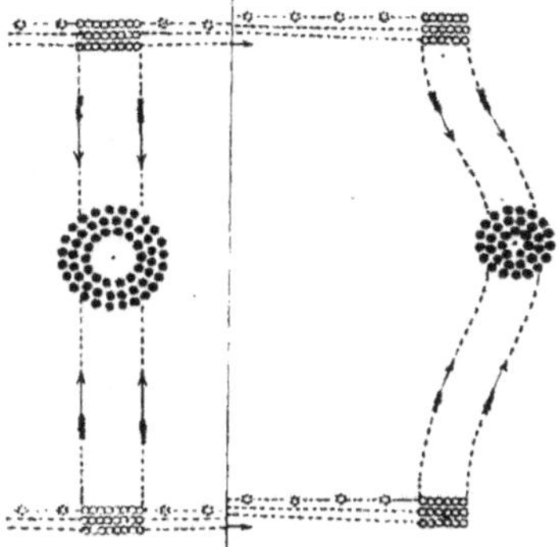

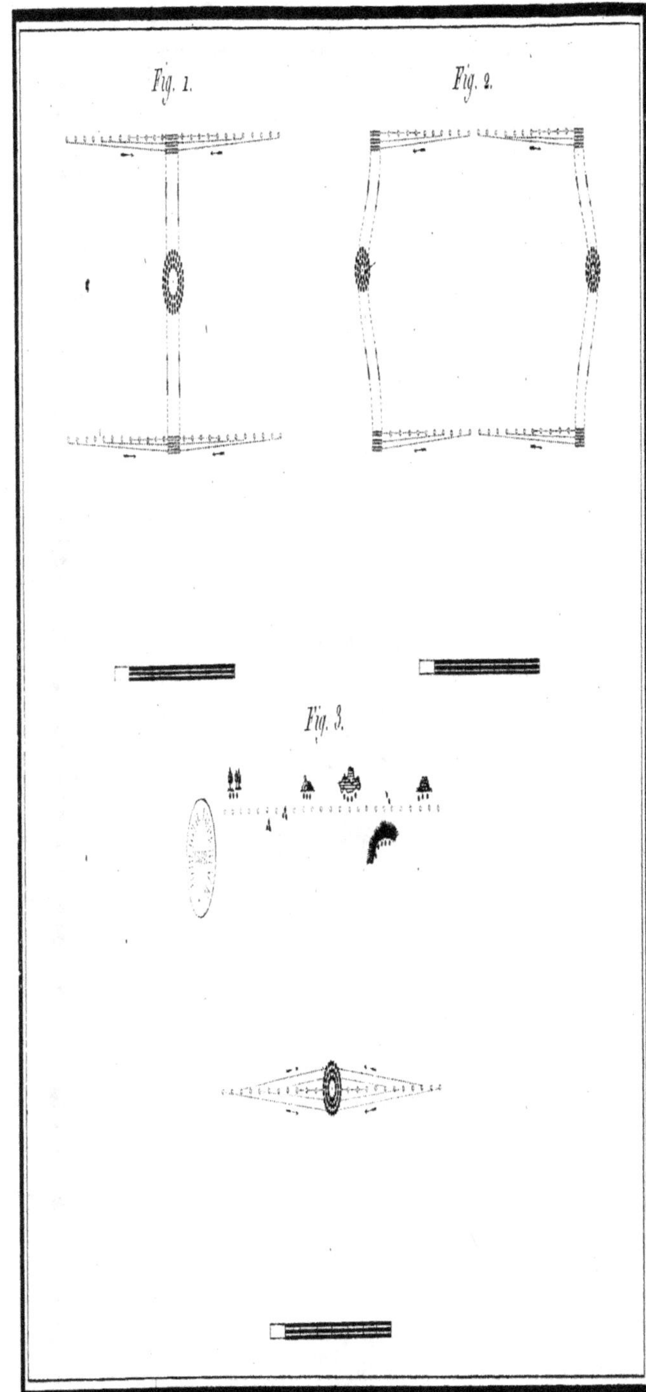
Fig. 1.
Fig. 2.
Fig. 3.

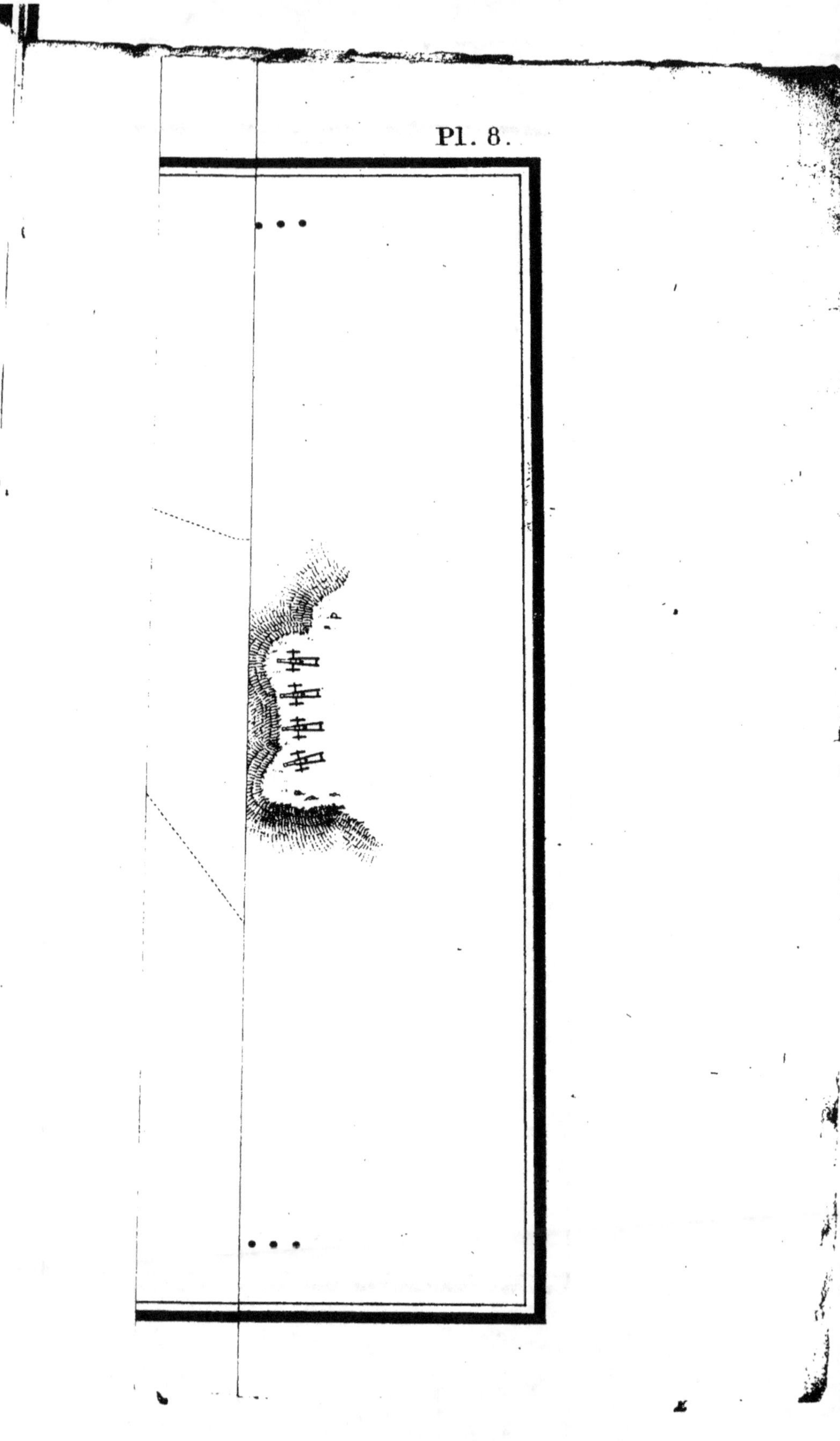

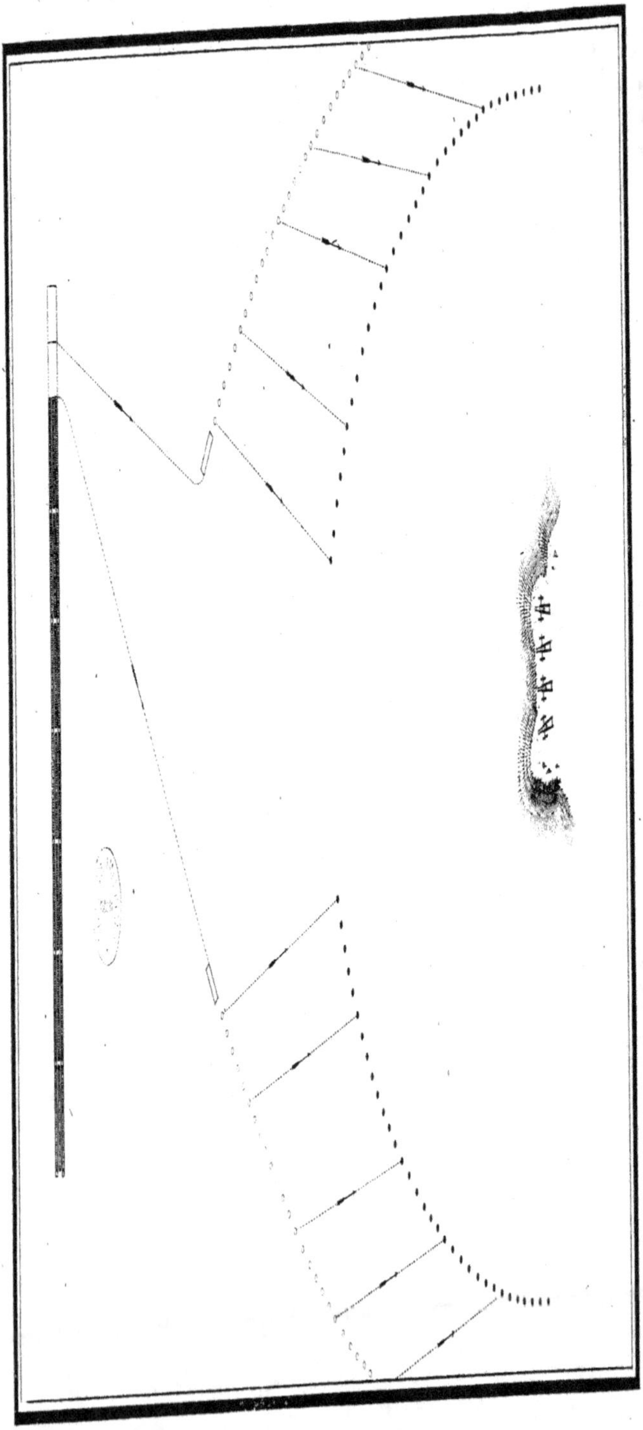

Pl. 9.

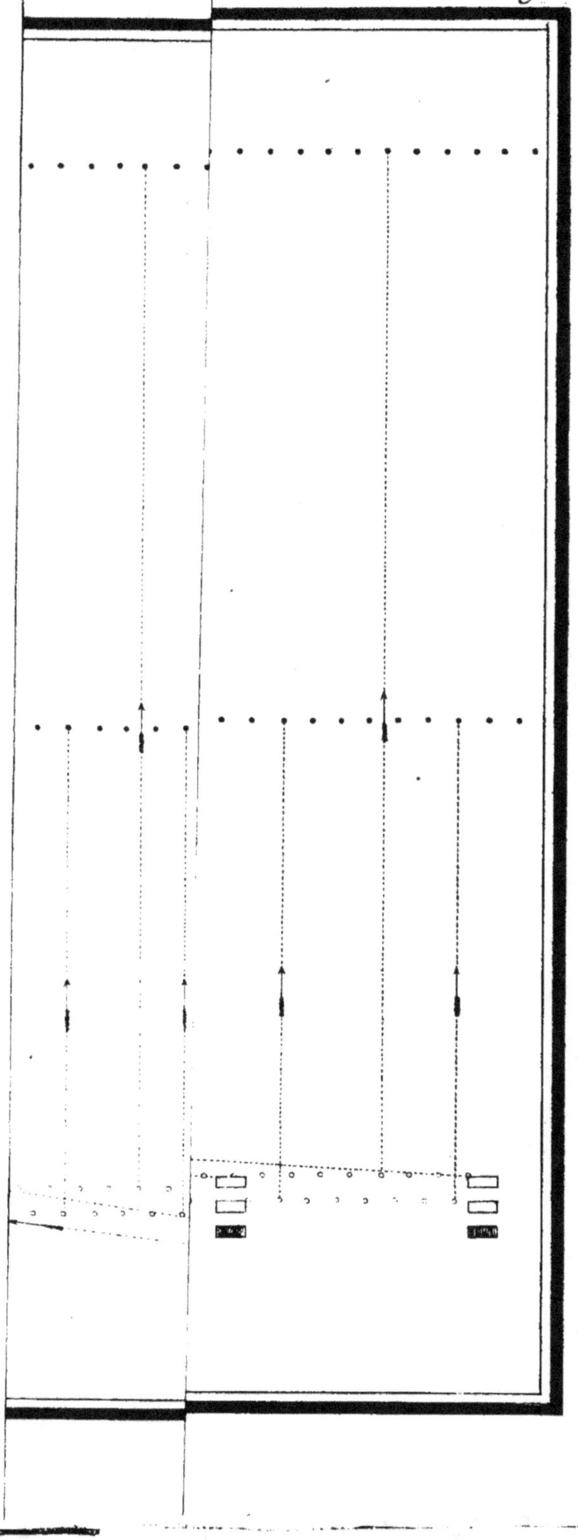

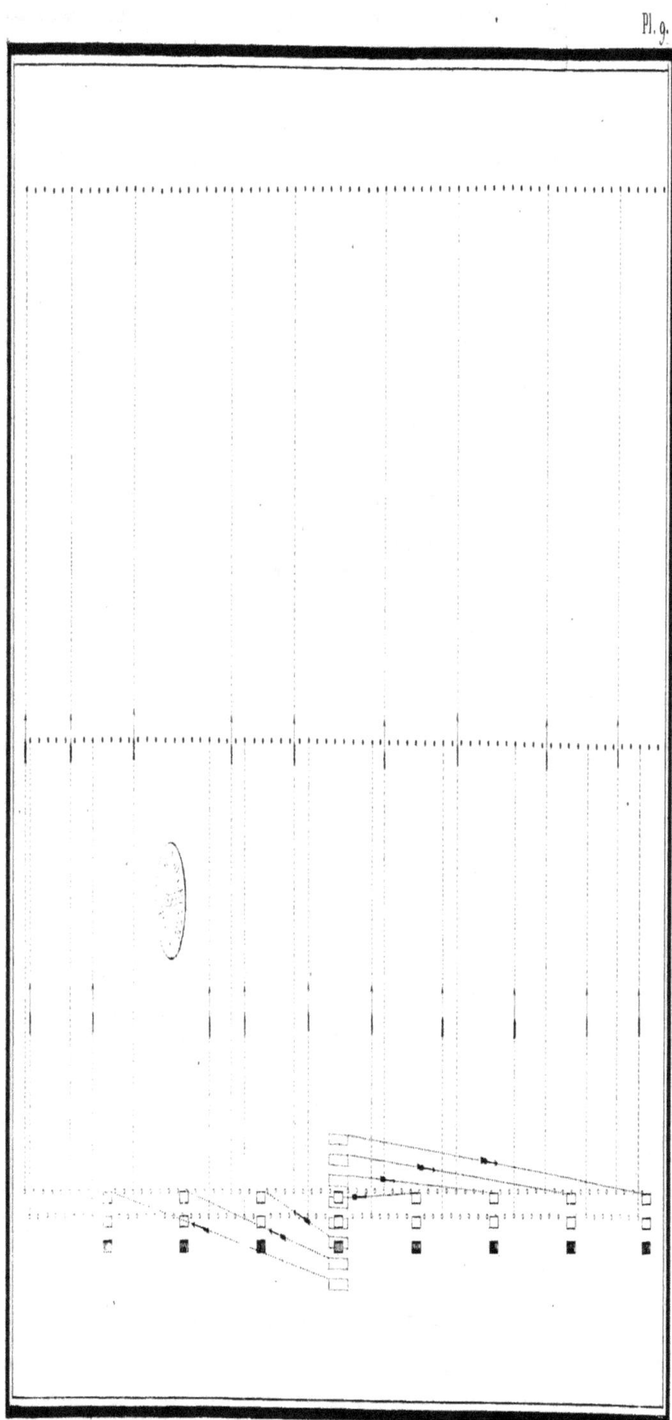

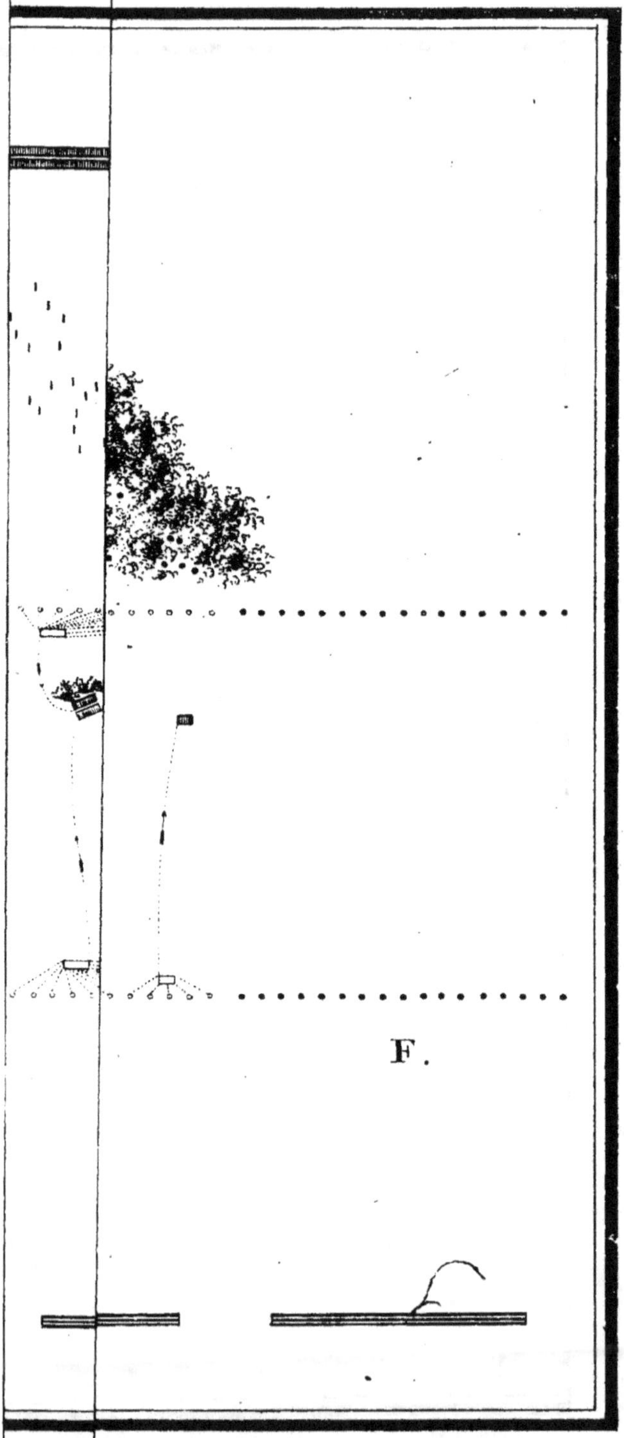

Pl. 10.
F.

A. B. C. D. E. F.

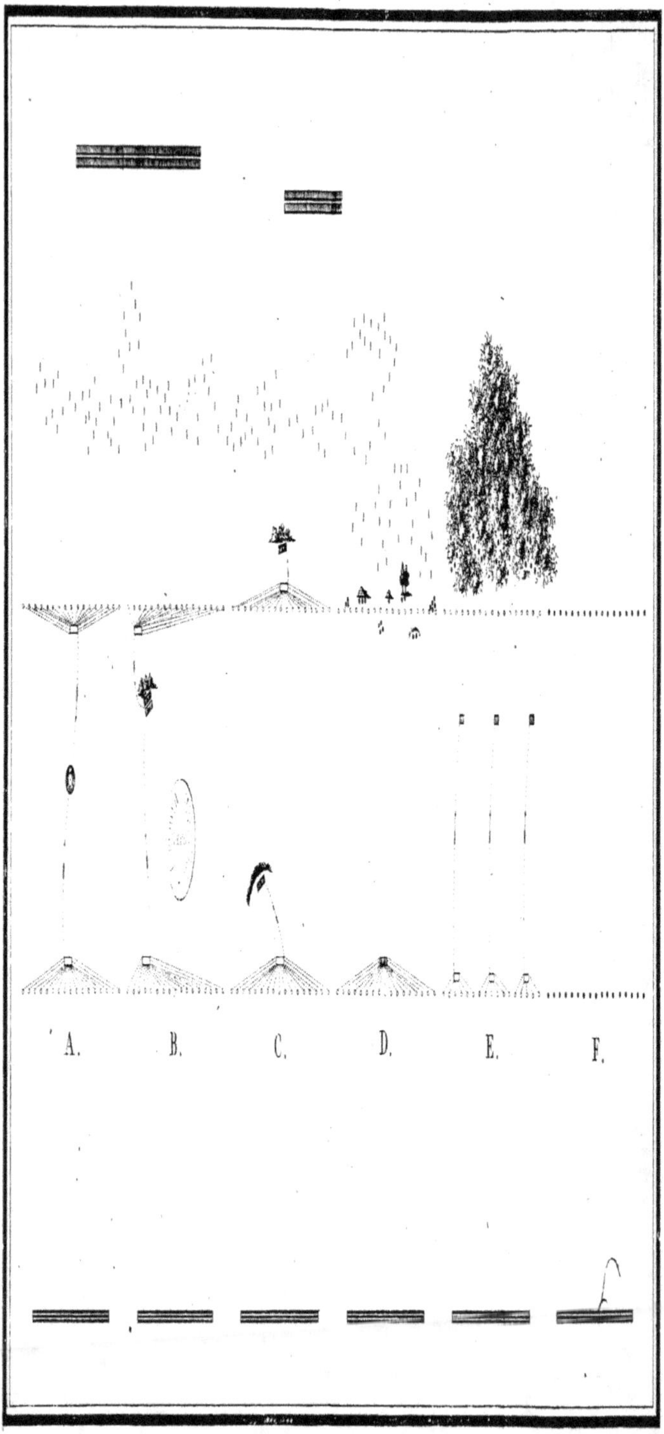

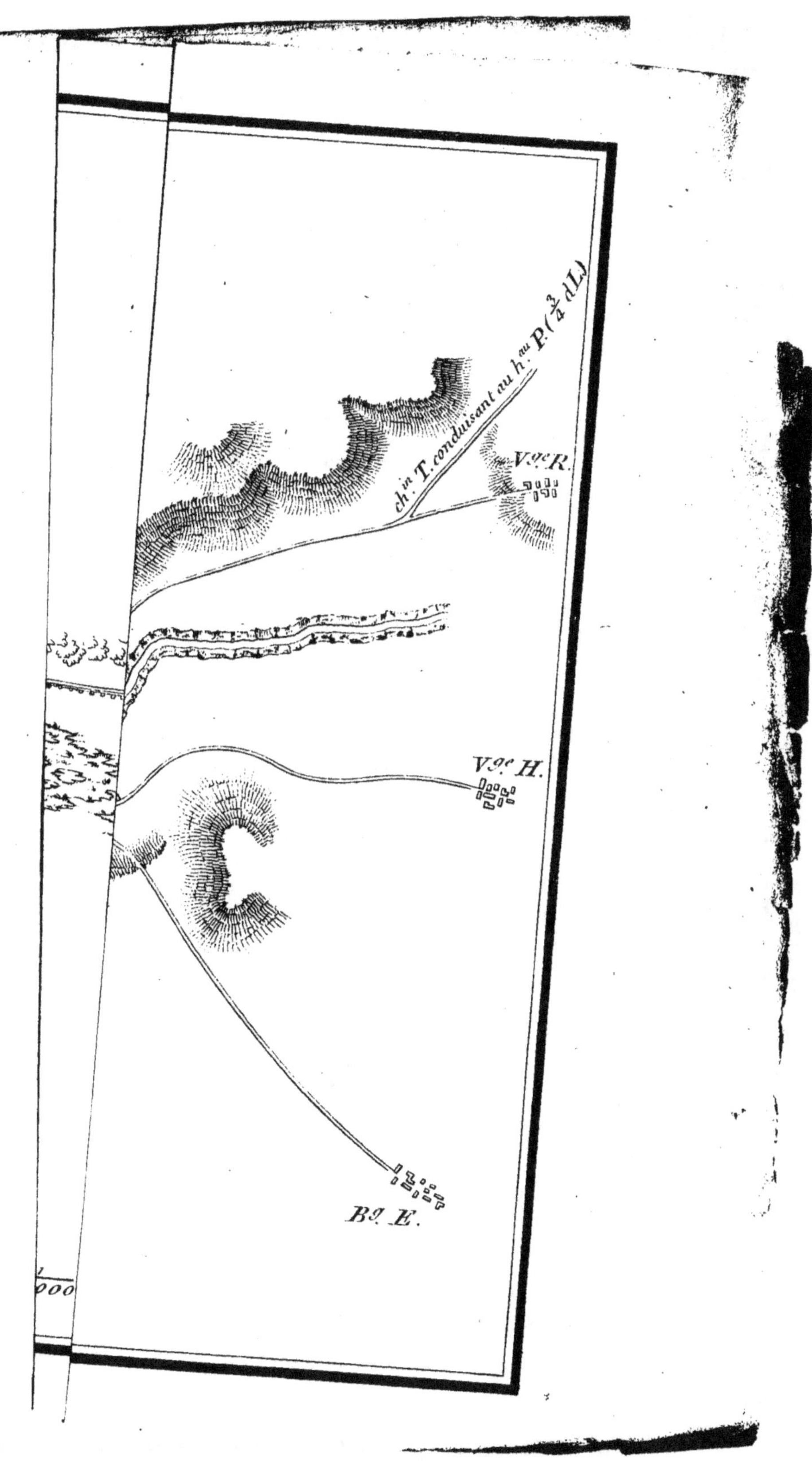

ch.in T. conduisant au h.au P.au ($\frac{3}{4}$ dL.)
V.ge R.
V.ge H.
B.d E.
1000

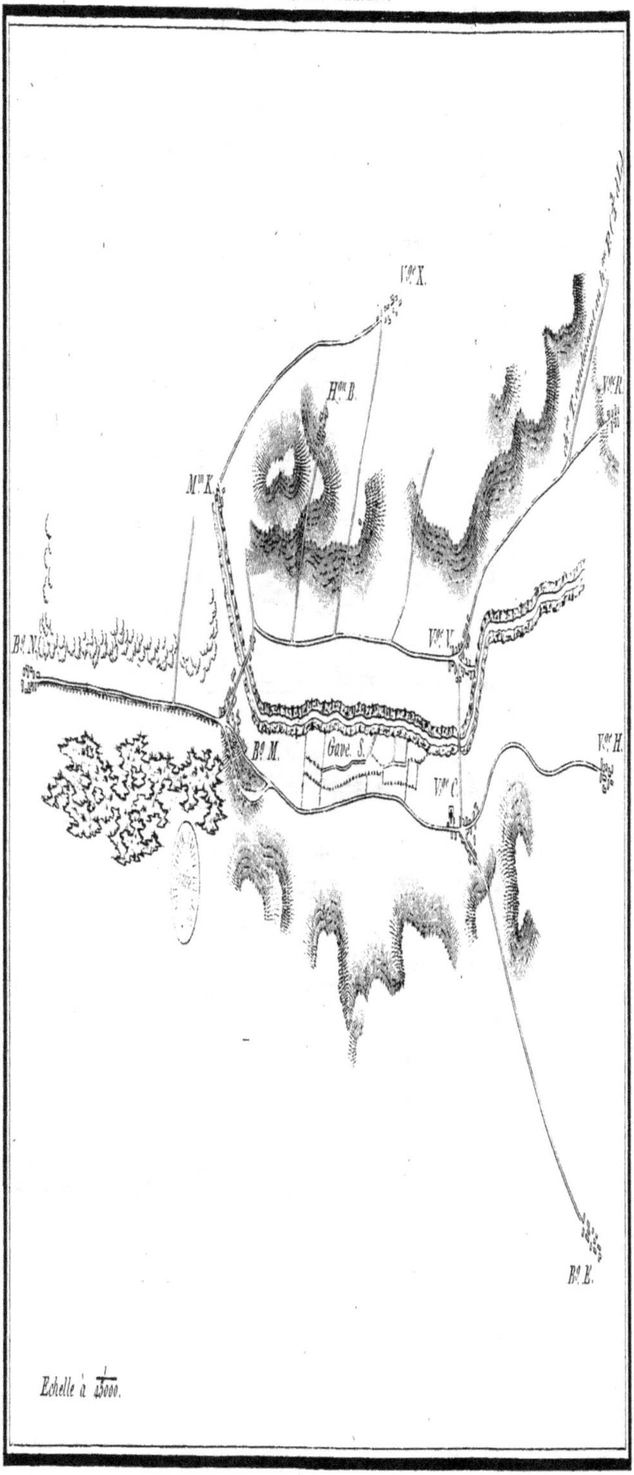
V^ge X.
H^au B.
M^in K.
B^g N.
B^g M.
Gave. S.
V^ge V.
V^ge C.
V^ge H.
V^ge R.
B^g E.

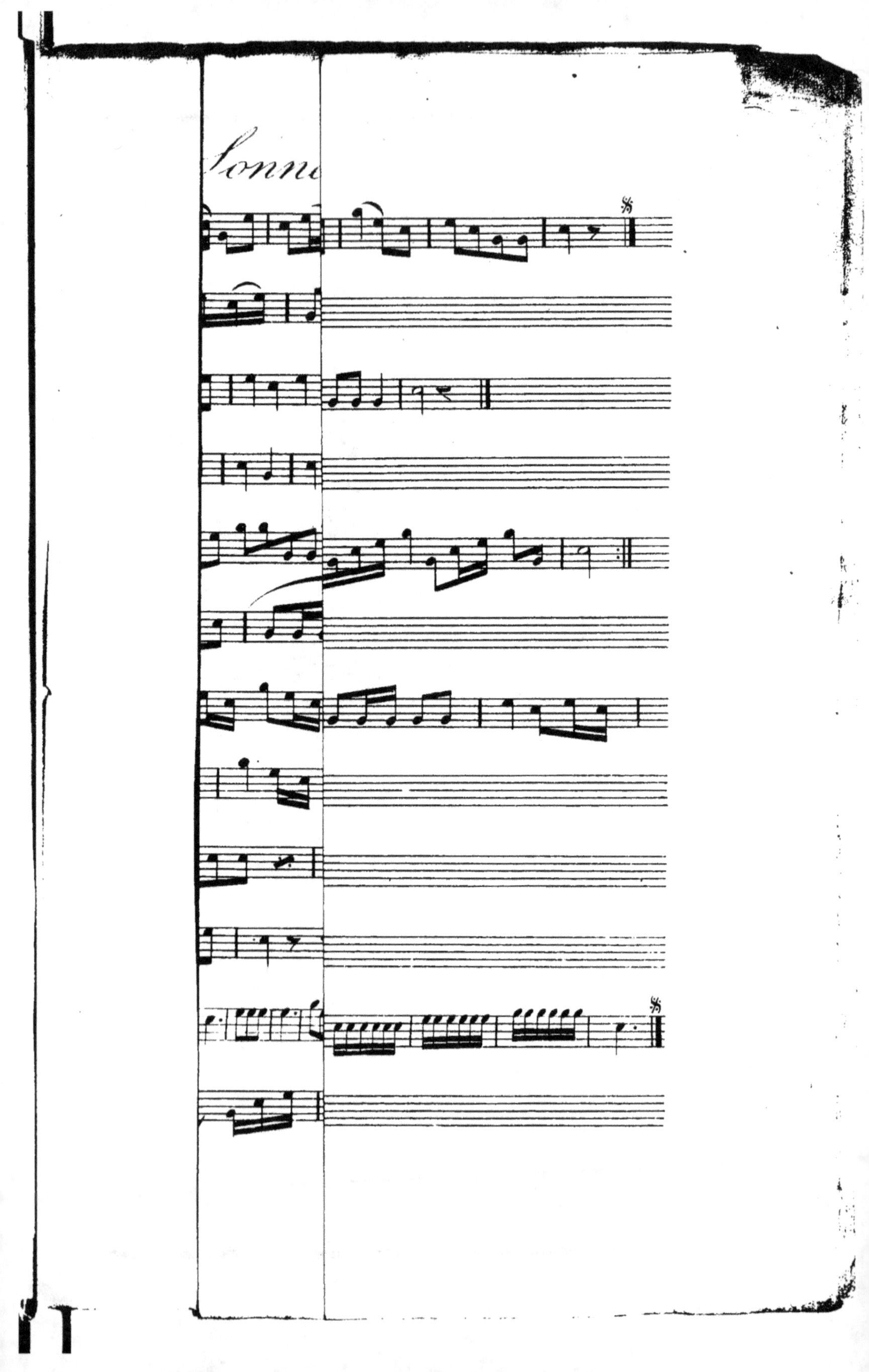
Sonn

Sonneries pour le Service.
Le Reveil.
l'Appel.
l'Assemblée.
La Générale.
Pas ordinaire.
Marche.
Marche.
Pas Accéléré.
Le Rappel.
La Bretonne.
La Retraite.
A l'Ordre.
Fin.
1. fois.
2. fois.

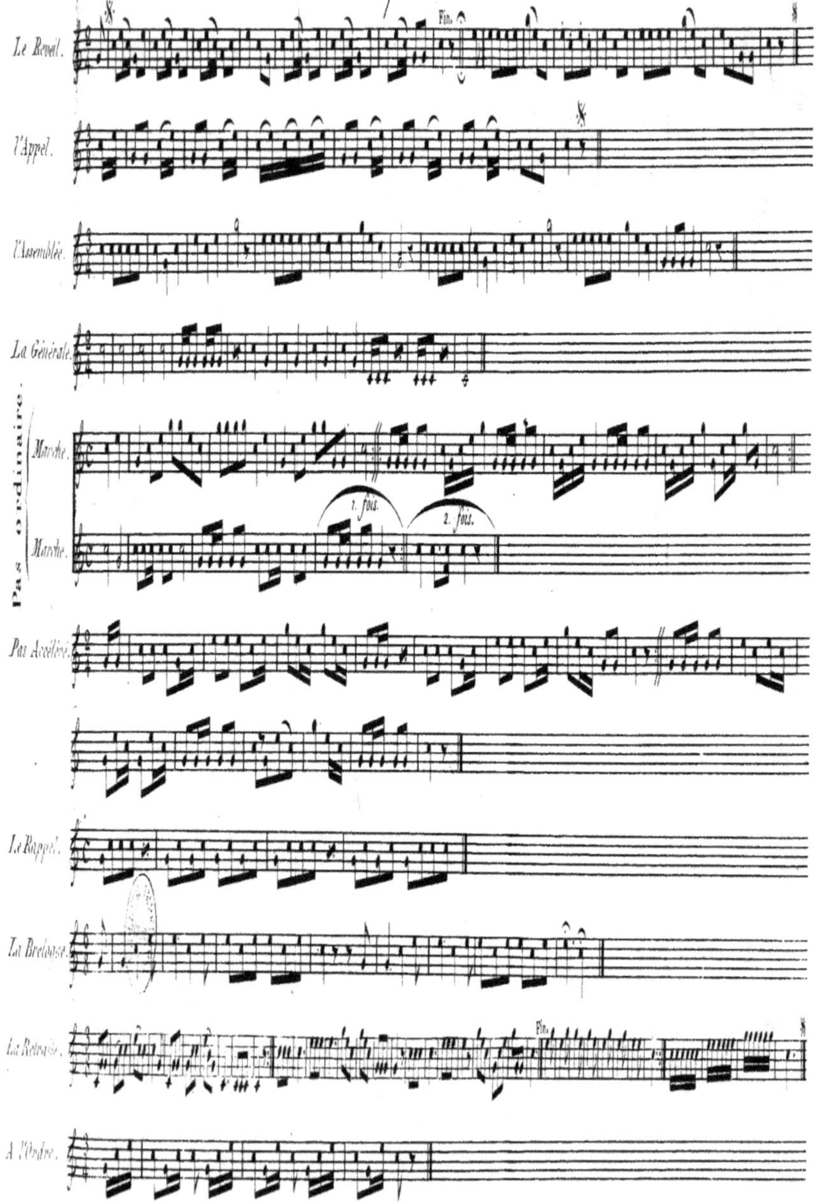

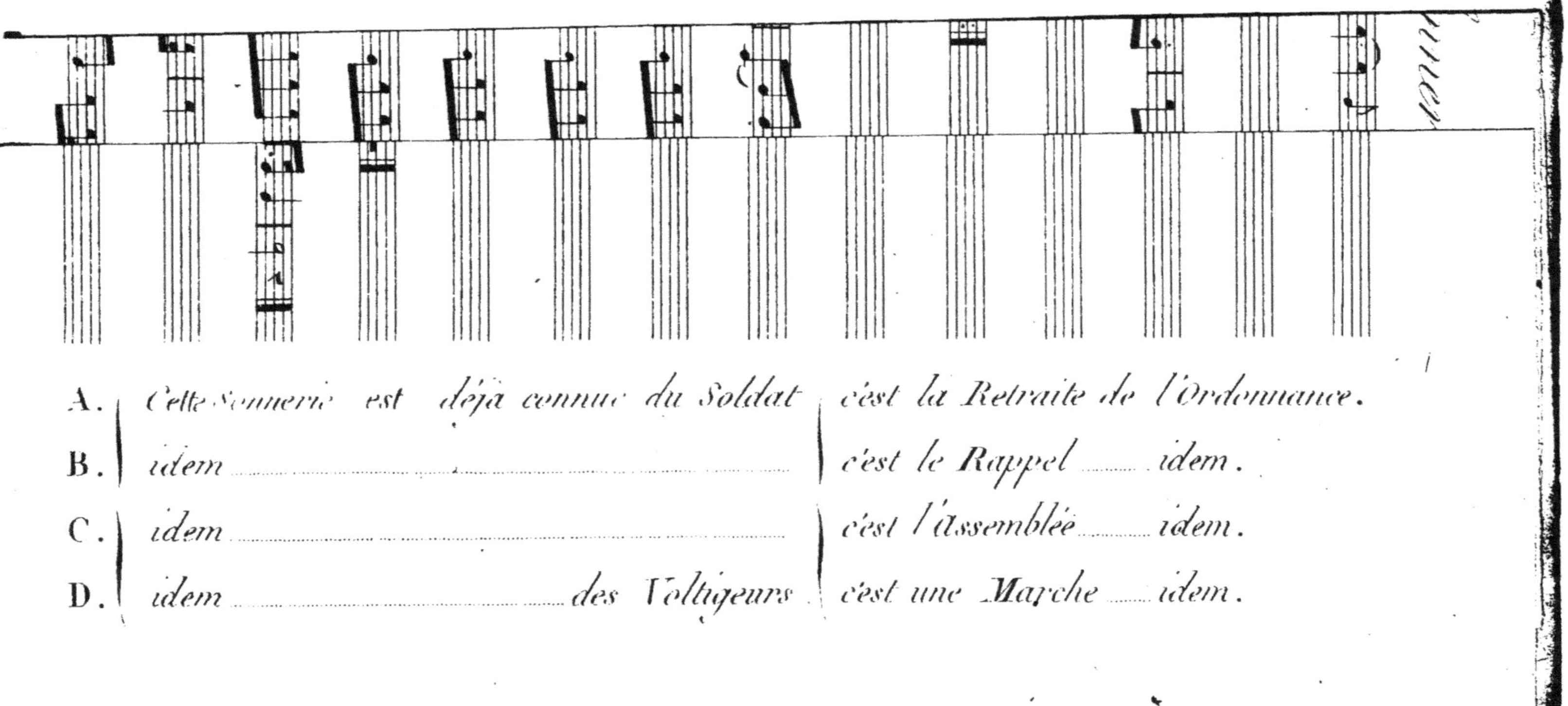

A. Cette Sonnerie est déjà connue du Soldat c'est la Retraite de l'Ordonnance.
B. idem c'est le Rappel idem.
C. idem c'est l'Assemblée idem.
D. idem des Voltigeurs c'est une Marche idem.